www.ingramcontent.com/pod-product-compliance
Lightning Source LLC
Chambersburg PA
CBHW081211020426
42331CB00012B/2995

جمهوری اسلامی ایران

وزارت فرهنگ و ارشاد اسلامی

لوح یادبود نخستین جشنواره مطبوعات

جناب آقای فرامرز آشنای قاسمی

با تقدیم این لوح یادبود از زحمات و تلاشهای خالصانه جنابعالی

در حسن برگزاری نخستین جشنواره مطبوعات تشکر و تقدیر می‌شود

امیدوار است در راه اعتلای فرهنگی کشور اسلامیمان

موفق و مؤید باشید

علی دهقانی

سرپرست ستاد برگزاری

بِسمِ اللهِ الرَّحمنِ الرَّحیم

دانشگاه تربیت دبیر شهید رجائی

مجموعه آثار فکاهی- طنز

تألیف:

دکتر فرامرز آشنای قاسمی
عضو هیأت علمی دانشگاه تربیت دبیر شهید رجایی

از اعضای هیأت تحریریه یا دارای سابقه همکاری با:

گل آقا، طنز پارسی، خورجین، فکاهیون، اطلاعات، دنیای ورزش، ایران، خبر جنوب، روز هفتم و صدا و سیمای جمهوری اسلامی ایران

سر شناسنامه	:	آشنای قاسمی، فرامرز، ۱۳۴۷-
عنوان و نام پدید آور	:	**مجموعه آثار فکاهی- طنز / فرامرز آشنای قاسمی.**
مشخصات نشر	:	**تهران: دانشگاه تربیت دبیر شهید رجائی، ۱۳۹۳.**
مشخصات ظاهری	:	**۱۸۶ ص.**
شابک	:	**978-600-6594-28-6**
وضعیت فهرست نویسی	:	**فیپا**
موضوع	:	**شوخی‌ها و بذله‌گویی‌های فارسی – قرن ۱۴**
موضوع	:	**طنز فارسی – قرن ۱۴**
شناسه افزوده	:	**دانشگاه تربیت دبیر شهید رجائی**
رده بندی کنگره	:	**PIR ۴۳۲۷ /۵م۳آ ۱۳۹۳**
رده بندی دیویی	:	**۸فا۸/۲۶۲**
شماره کتابشناسی ملی	:	**۳۵۰۰۸۴۶**

عنوان	:	مجموعه آثار فکاهی- طنز
تألیف	:	دکتر فرامرز آشنای قاسمی، عضو هیأت علمی دانشگاه تربیت دبیر شهید رجائی
ویراستار	:	دکتر فرامرز آشنای قاسمی
طراح جلد	:	عباس مرادی
عکاس	:	حسین قاضی
خطاط	:	بابک صمدی
نوبت چاپ	:	اول- تابستان ۱۳۹۳
انتشارات	:	دانشگاه تربیت دبیر شهید رجائی
لیتوگرافی	:	فرانقش
چاپ	:	برهان
ناظر چاپ	:	محمد معتمدی نژاد
کارشناس و صفحه‌آرا	:	نیره فیروزی
شمارگان	:	۱۰۰۰ جلد
قیمت	:	۵،۰۰۰ تومان
شابک	:	۹۷۸-۶۰۰-۶۵۹۴-۲۸-۶ ISBN: 978-600-6594-28-6

نشانی: تهران، لویزان – کد پستی ۱۵۸۱۱-۱۶۷۸۸ – صندوق پستی ۱۶۳ – ۱۶۷۸۵ – تلفن: (۲۶۳۲) ۹ – ۲۲۹۷۰۰۶۰، ۲۲۹۷۰۰۷۰، نمابر: ۲۲۹۷۰۰۰۳، پست الکترونیکی: Publish@srttu.edu، وب سایت: http://Publish.srttu.edu

بی‌مقدمه

می‌خواستم از یکی از دوستانم که پیشکسوت طنز نیز هست تقاضا کنم تا مقدمه‌ای برای این کتاب بنویسد و مسلماً از ایشان تقاضا کنم که ضمن تمجید و تعریف بیش از حد رایج در چنین مقدماتی (مقدمه‌های سابق)، مرا یک جورهایی پدر نوعی از طنز مملکت کند. چون اگر این اتفاق رخ ندهد، ممکن است خواندن این کتاب برای شما چندان دلچسب نگردد. آخر امروزه رسم شده که قدیمی‌های هر زمینه‌ای که از دنیا می‌روند، به نوعی آن عزیزان را پدر یا مادر آن زمینه و یا دست‌کم بخشی از آن زمینه می‌کنند. جالب این‌که بعضی اوقات این القاب تکراری نیز می‌شوند. مثل مادر سینمای ایران که به چند هنرمند خانم پیشکسوت سینمای ایران در پس از فوت‌شان اتلاق شد، یا به طور مشابه، عناوینی چون پدر تأتر ایران و . . . . قابل ذکر است که پس از مدت‌ها جستجو، لقب"پدر مظلوم طنز ایران" (البته "پدر طنز مظلوم ایران" هم فکر کنم بی‌صاحب باشد) را هم برای خودم مناسب یافتم. از مظلومیتم هم همین بس که در اوج توانایی، به سبب آن‌که اجازه داده نمی‌شد که با نام و نام فامیل خودم طنز بنویسم، دست از نوشتن برداشتم.

بلی، در جستجوی دوست پیشکسوتی بودم که چنین مقدمه‌ای را برای این کتاب به رشته تحریر درآورد، ولی به هر کدام که تماس گرفتم گوشی‌اش جواب نداد. به قطعه هنرمندان بهشت زهرا که سر زدم، دیدم، یار در خانه و ما گرد جهان می‌گشتیم. بلی این هم یکی از دردسرهای یکی‌یک‌دانه‌های قدیم است. چون دوستان‌شان معمولا سن پدرشان را دارند، به میانه عمر که می‌رسند، دوستان جان‌جانی‌شان دیگر در قید حیات نیستند.

به هر حال این برگ سبز که فاقد هرگونه تحفه درویش و یا مقدمه‌ای و شامل دو فصل است تقدیم شما سروران گرامی می‌شود. فصل اول شامل زندگینامه هنری و آثار پیشتر چاپ یا پخش شده در رسانه‌های مختلف، همچون "گل‌آقا"، "طنز پارسی"، "فکاهیون"، "خورجین"، "دنیای ورزش"، "اطلاعات"، "خبر جنوب"، "روز هفتم"، "صدا و سیمای جمهوری اسلامی ایران" و برخی رسانه‌هاست که "با نام" و "بی نام" و در مواردی حتی "با نام افرادی به‌جز خودم"، اقدام به ارائه آثارم کرده‌اند. آثاری مانند این کاریکلماتور که چه بسا شما هم آن را متعلق به فرد دیگری به‌جز بنده می‌دانیدش:

شب یلدا، شب‌ترین شب سال است.

فصل دوم نیز مربوط به آثار چاپ نشده‌ام است. این فصل نیز با توجه به ژانر متنوع مطالب، شامل چند بخش است.

در پایان، امید است که این کشکول مطالب، مقبول نظر شما مهربانان واقع شود. در ضمن، نمی‌دانم الان که این جمله را می‌خوانید من در قید حیات هستم یا خیر؟ با این حال خوشحال می‌شوم نظرات خود را به نشانی پستی الکترونیکی من ارسال نمایید:

faramarz_1347@yahoo.com

مسلماً اگر بیش از یک ماه شد و پاسخی از من دریافت نکردید، شک نکنید که پاسخ جمله سؤالی فوق، به احتمال زیاد مثبت است.

لحظات‌تان دلپذیر

دکتر فرامرز آشنای قاسمی

تهران- تابستان ۱۳۹۳

فصـل ۱

زندگینامه هنری و برخی آثار چاپ یا اجرا شده

من متولد ۲۰ تیر سال ۱۳۴۷ شمسی (خورشیدی سابق) معادل با ۱۱ جولای ۱۹۶۸ هستم. البته برای آن‌که یک سال زودتر به مدرسه بروم، شناسنامه‌ام را چند ماه بزرگ کردند. لذا تاریخ تولد شناسنامه‌ای من ۲ فروردین ۱۳۴۷ است. حالا این چه داستانی است که تاریخ واقعی تولد را در انتهای شناسنامه می‌نوشتند اما وزارت آموزش و پرورش آن زمان، کاری به تاریخ واقعی صفحه آخر نداشته و معیارش تاریخ جعلی صفحه اول شناسنامه بوده، و ا . . . اعلم.

تا یادم نرفته باید خدمت‌تان عرض کنم که، هدف من از نوشتن این زندگینامه فراهم نمودن یک مرجع برای افرادی است که ممکن است بخواهند در سالهای پس از زندگی (یا به غلط، سالهای پس از مرگ) من، در زمینه طنز تحقیقی انجام بدهند و احیاناً برخی کارهای بنده توجه‌شان را جلب کند. لذا بخواهند اطلاعاتی درباره نویسنده آن مطالب کسب نمایند. حال چون نه سطح کارهای من بالا و نه استمرار طنزنویسی‌ام طولانی بوده است، تازه از بدتر از آن، عرضه و توان بده و بستان و فهم و درک روابط مناسب را هم زیاد نداشته‌ام، بعید می‌دانم افراد مزبور در صورت عدم نوشتن این سطور، چیز قابلی دستگیرشان می‌شد (چه بسا الان هم نشود). امید است این مختصر، اندک کمکی برای محققان زمینه طنز باشد. بگذریم از این‌که، تقاضای برخی از همکارن، دانشجویان و دوستانم، برای مطالعه آثارم در این راستا نیز بی‌تأثیر نبوده است.

البته، اگر قرار تنها به نوشتن زندگینامه طنزم می‌بود، این مجموعه در حد چاپ یک کتاب نمی‌شد، تصمیم گرفتم که منتخبی از آثار چاپ شده و نشده‌ام را نیز در داخل آن قرار بدهم. ابتدا دوست داشتم کپی آثارم را در این مجموعه بگذارم تا حالت سندیت این نوشتار بیشتر بشود، اما به علت پایین بودن کیفیت اسناد موجود ترجیح دادم این آثار را تایپ کنم. در همین راستا برخی از ایرادات تایپی و تغییرات تحمیلی را نیز از روی آثارم حذف کردم. لذا شما اکنون این آثار را همان‌گونه‌ای می‌خوانید که من مایل بودم خوانده شوند.

مبنای نوشتن این زندگینامه، تقریبا بر اساس اولویت زمانی است. در این راستا نیز تلاش کرده‌ام که در صورت لزوم، مطالبی در حاشیه آثارم بنویسم که شما را با موقعیت زمانی آن آثار بیشتر آشنا کند. زیرا یکی از اشکالات مطالب ژورنالیستی، وابستگی شدید آنها به زمان و مکان رخداد آنهاست. به نحوی که اگر خواننده چنین مطالبی، با موقعیت مکانی و زمانی آن رخداد

آشنایی نداشته باشد، شاید چیز زیادی را نتواند از آن اثر درک کند. به عنوان مثال خود شما ممکن است تا کنون داستان و یا نمایشنامه‌هایی را از "آنتوان چخوف"، نویسنده مشهور روس خوانده، شنیده یا دیده باشید. اما بعید میدانم تاکنون مقاله‌ای را از میان ده‌ها مقاله‌ای که وی نوشته است خوانده باشید. این همان برتری ادبیات داستانی بر ادبیات ژورنالیستی است. عموماً ادبیات ژورنالیستی در کوتاه‌مدت اثرگذارتر است و ادبیات داستانی در درازمدت.

آشنایی من با طنز، مثل خیلی از خود شما از طریق خانواده و رادیو و تلویزیون (صدا و سیمای لاحق) بوده است. البته نشریات هم در این امر دخیل بودند. شدت علاقه من به حدی بود که در سن ۱۳ یا ۱۴ سالگی شروع به جمع اوری آثار طنز نشریات مختلف در داخل یک دفتر کردم. در آن ایام شاید هیچ‌گاه نمی‌توانستم تصور کنم که روزی خودم هم بتوانم آثاری بنویسم که در نشریات کشور قابل چاپ باشند.

یکی از ویژگی‌های من این است که وقتی زیاد داخل یک موضوع می‌شوم، توانایی تکرار و تولید مشابه آن را پیدا می‌کنم. این اتفاق در زمینه طنز نیز برای من رخ داد. آن‌قدر خواندم و خواندم، تا بالاخره نوشتم. البته اولین نوشته‌های من آن‌قدر سطح پایین بودند که نه تنها ارزش چاپ نداشتند، بلکه ذکرشان در اینجا هم فکر نمی‌کنم لطفی داشته باشد. البته چون شما ممکن است روی این مساله کنجکاو شده باشید و من حسب شغلم (تدریس در دانشگاه) به کنجکاوی افراد احترام می‌گذارم، اولین اثر نوشته شده توسط خودم را که در هیچ جایی چاپ نشده، همین‌جا برای شما ارائه می‌کنم:

تاریخ ازدواج را تنها خانمهاست که هیچ‌گاه از یاد نمی‌برند.

نمی‌دانم برای شروع خوب بود یا نه، ولی برخلاف این مثل که شروع‌ها همیشه شیرینند، شروع کار نویسندگی من با چنین مطلب لوسی شروع شد. اما فعالیت نیمه‌حرفه‌ای و سپس حرفه‌ای با مطبوعات از چند سال بعد آغازید که ذیلا طی بخشهای مختلف این کتاب بدان پرداخته می‌شود.

۱-۱ همکاری با دنیای ورزش

نخستین آثار من در ژانر ورزشی و در صفحه "هوای تازه"، نشریه "دنیای ورزش" و هنگامی که تنها ۱۸ سال داشتم به چاپ رسید. آن ایام مثل الان نبود که هرکس سواد خواندن و نوشتن داشته یا نداشته باشد، بتواند وب‌لاگ یا وب‌سایتی داشته باشد و در آنجا آثارش را به معرض دید عموم بگذارد. به این آسانی‌ها از کسی چیزی چاپ نمی‌کردند.

البته بر خلاف (و شاید هم مطابق با) رویه معمول، قبل از آنکه اثری از من در جایی به چاپ برسد، درباره آنها نظر داده شد. مطالعه بفرمایید:

پاسخ به نامه‌ها[1]

- (تهران آقای فرامرز قاسمی) سید آقا جان سینه‌ای صاف کرد و گفت: آقا فرامرز ما استعداد طنزنویسی را دارد فقط باید کمی حوصله خرج دهد تا سری میان سرها در آورد.

فردی هم که این صفحه را اداره می‌کرد و نظر فوق را پس از خواندن برخی از آثار من داده بود، آقای "سید مهدی کاظمی" بود که در صفحه مزبور با نام "سید آقا جان" طنزپردازی می‌کرد و از قضا هیچگاه توفیق نشد ببینم‌شان. حتی یک روز که ایشان اتفاقی از نزدیکی منزل‌مان عبور می‌کردند، می‌آیند دم منزل‌مان (با توجه به آدرس روی پاکت نامه‌های ارسالی بنده) که من نبودم. وقتی مادرم به ایشان می‌گوید که من ۱۸ سالم است ایشان خیلی تعجب می‌کنند و می‌گویند که با توجه به مطالبی که می‌نویسم، ایشان فکر می‌کردند که من حداقل ۳۰ سال سن را دارم. حالا شما خودتان در نظر بگیرید میزان احساس شعف و انگیزه وافر نوشتنی را که به من پس از شنیدن این جملات دست داد، تازه آن هم زمانی که تنها چند کار از من به چاپ رسیده بود. قبل از آن‌که سراغ نخستین کار چاپ شده‌ام در نشریات کشور برویم، باید ابتدا کار زیر را که توسط مسئول صفحه مربوطه نوشته شده بود، ملاحظه بنمایید. چون نخستین کار چاپ شده من، پاسخی است به این کار:

---

[1] نشریه دنیای ورزش- شنبه ۱۲ مهر ۱۳۶۵- سال ۱۷- شماره ۷۶۹

استخدام مفت و مجانی[1]

کلوپ نیش‌زنی هوای تازه که به هیچ موسسه و شرکتی وابستگی ندارد و گلیم خیس شده‌اش را خودش از آب بیرون می‌کشد تعدادی طنزپرداز از طریق آزمون استخدام می‌نماید. لذا از کلیه کسانی که سرشان برای گرفتاری درد می‌کند و می‌خواهند بدن از گل نازک‌ترشان آماج مشت‌های این‌چنینی و لگدهای آن‌چنانی قرار گیرد دعوت می‌شود به سؤالات زیر پاسخ گفته و جواب را برای سیدآقاجان پنهان شده در سوراخ موش ارسال دارند. طبیعی است که آدرس برندگان برای تسویه‌حساب در اختیار پته روی آب افتاده‌ها قرار خواهد گرفت.

مسأله یک- اگر در ورزشگاه بدون رختکن شهید مرغوبکار دو تیم زرد و سفید بازی داشته باشند و هر یک از دو تیم لباس‌های‌شان را در گوشه‌ای تلنبار کرده باشند، با در نظر گرفتن تعویض بک چپ تیم زرد در دقیقه ۷۵، پیدا نمایید شلوار بازیکن تعویض شده را؟

مسأله دو- در زمین استادیوم شهید پناهی وضعیت به‌گونه‌ای است که تا مچ پای بازیکنان در خاک فرو می‌رود. اگر دو تیم سبز و آبی یک بازی نود دقیقه‌ای انجام داده باشند محاسبه کنید:

الف- تعداد سرفه هافبک‌های دو تیم را؟

ب- بعد از چند بازی فوتبالیست‌ها به جرگه مسلولین خواهند پیوست؟

ج- بازیکنان زخمی چند درصد شانس کزاز گرفتن دارند؟

مسأله سه- در مسابقه‌ای از سری بازی‌های جوانان که در زمین استقلال جنوب برگزار می‌گردد از پزشک و آمبولانس خبری نیست. اگر دو بازیکن به نحوی با هم تصادم نمایند که سر یکی ورم کرده و کله دیگری شکافته شود، تا پیدا شدن فردی خیر و اتوموبیل‌دار برای رساندن مجروح و مصدوم به درمانگاه محاسبه نمایید:

الف- زمان از حال رفتگی بازیکن مصدوم را؟

ب- مقدار خونی که تا ملاقات پزشک از سر بازیکن مجروح خارج می‌شود؟

---

[1] نشریه دنیای ورزش- شنبه ۲۴ آبان ۱۳۶۵- سال ۱۷- شماره ۷۷۵

مسأله چهارم- زیر سکوهای ورزشگاه راه‌آهن جنوب مملو از قوطی‌های کنسرو و کمپوت است. اگر بر فرض محال مسئولین این استادیوم بخواهند نسبت به جمع‌آوری قوطی‌ها اقدام نمایند، با در نظر گرفتن این‌که یک کارگر در روز تنها ۱۵۰ قوطی می‌تواند جمع‌آوری کند، تعیین نمایید تعداد کارگر مورد نیاز را؟

احتمالاً ایشان فکر نمی‌کرد که یک نفر بیاید و پاسخی جدی به مطلب طنزشان بدهند، حال چه برسد به پاسخی به طنز. اما این کاری بود که بنده انجام دادم. پس اینک این شما و این هم نخستین اثر چاپ شده از من در نشریات کشورمان:

جوابیه هیأت فوتبال[1]

عطف به مطلب هوای تازه (استخدام مفت و مجانی) مورخه ۲۴ آبان ۱۳۶۵ دستور فرمایید طبق قانون نشریات در همان صفحه و با همان حروف این جوابیه چاپ گردد تا خدای ناخواسته سوءتفاهمی برای خوانندگان گرامی‌تر از جان پیش نیاید.

۱- نوشته بودید ورزشگاه شهید مرغوبکار فاقد رختکن است. باید بگویم ورزشگاه مذکور نه تنها فاقد رختکن نیست بلکه دارای سه باب رختکن است که یکی از آنها در ورزشگاه شهید شیرودی، یکی در ورزشگاه آزادی و آخری نیز در ورزشگاه استقلال شرق قرار دارد. خوب خوش‌انصاف‌ها یک ورزشگاه مگر چند تا رختکن نیاز دارد؟

۲- مرقوم کرده بودید ورزشگاه شهید پناهی چنان خاکی است که تا مچ پای بازیکنان در خاک می‌رود. اولاً وضع ورزشگاه به‌گونه‌ای که شما گفتید نیست و فقط کفش بازیکنان داخل خاک می‌شود (این کمی پایین‌تر از مچ پاست). در ثانی اگر خیلی دل‌تان می‌سوزد به مسئولیت شما من بعد زمین را پر از آب می‌کنیم تا خاک به حلق خلقا . . . نرود ولی عواقب بعدی به گردن شماست.

───────────────

[1] نشریه دنیای ورزش- شنبه ۶ دی ۱۳۶۵- سال ۱۷- شماره ۷۸۱

۳- ناله نموده بودید در استادیوم استقلال جنوب تخم دکتر و آمبولانس را ملخ خورده. راستش را بخواهید چند سال پیش سر دو بازیکان چنان به هم خورد که صدای برخاسته‌اش چند ورزشگاه آن‌طرف‌تر شنیده شد. ما از آن به بعد دکتر و آمبولانس را همیشه کنار زمین مورد بحث داشتیم. ولی خوب سه سال هیچ حادثه‌ای که احتیاج به پزشک و مجروح‌کش باشد روی نداد. ما هم گفتیم بهتر است آنها را به نیازگاه دیگری بفرستیم.

۴- این موضوع آخری از همه عجیب‌تر بود که نگارش کرده بودید ورزشگاه راه‌آهن جنوب پر از قوطی‌های کنسرو و کمپوت است. خوب هست که هست. آخر پدرآمرزیده‌ها آن حلبی‌پاره‌ها یک گوشه‌ای افتاده‌اند و دارند خاکشان را می‌خورند، ببینم مگر جای شما را تنگ کرده‌اند؟

در خاتمه بار دیگر به سیدآقاجان گردن‌شکسته و دیگر چرت و پرت‌گوهای این صفحه خصوصاً رحمان قاسمی اندیمشکی و اسکندری‌پور آبادانی و حبیب بهرامی اهوازی هشدار می‌دهیم پایشان را از کفش ما بیرون بکشند وگرنه سرنوشتشان را با سرنوشت فوتبال یکی خواهیم کرد.

گاهی اوقات آدم مطلبی را می‌شنود و خیلی دوست دارد بداند سازنده آن کیست. برای مثال، اجرای مطلب زیر را به انواع مختلف، خودم بارها و بارها از برنامه طنز رادیویی "صبح جمعه با شما" و نیز دیگر برنامه‌های رادیویی و تلویزیونی دیده یا شنیده‌ام. مسلماً بدون ذکر نام خالق آن (چه برسد به پرداخت حق‌التالیف به وی):

ورزش‌درمانی[1]

یکی از کارشناسان باسابقه ورزش که معتقد است هر دردی را می‌توان با ورزش معالجه کرد طی سمیناری اعلام داشت که بهترین راه برای درمان درد کمر از نوع "دیسک"، پرتاب آن است.

---

[1] نشریه دنیای ورزش- شنبه ۲۳ آبان ۱۳۶۶- سال ۱۸- شماره ۸۲۴

خواندن مطالب زیر هم شاید خالی از لطف نباشد:

تلافی[۱]

بازی با نتیجه بدون گل تمام شده بود و دو تیم تقریباً راضی از نتیجه به سمت رختکن می‌رفتند که کاپیتان یکی از تیم‌ها خودش را به داور رساند و یواشکی در گوشش گفت: ولی خداییش آن خطایی که یار شماره ۳ ما کرد کارت قرمز نداشت‌ها.
داور هم به نحوی که حتی کمک‌هایش هم متوجه نشوند به آهستگی جواب داد: خودم بعدش فهمیدم. ولی دیگه زیادم بی‌انصاف نباش. چون آن ۳ تا توپی که روی خط دروازه‌تان به من خورد و از ۳ تا گل حتمی نجات پیدا کردید هم شانسکی نبود.

وزن خالص[۲]

کشتی‌گیر اول: راستی تو چند کیلو هستی؟
کشتی‌گیر دوم: با استخوان یا بی‌استخوان؟

شغل آینده[۳]

معلم: هوشنگ دیروز دیدم به‌جای درس خواندن داشتی تو کوچه شیر یا خط بازی می‌کردی. اصلاً تو با این کارهایت در آینده می‌خواهی چکاره بشوی؟
هوشنگ: آقا داور فوتبال.

خواندن مطلب نسبتاً لوس زیر نیز که احتمالاً آن را نیز پیشتر از دیگر رسانه‌ها شنیده‌اید شاید خالی از لطف نباشد:

---

[۱] نشریه دنیای ورزش- شنبه ۲۱ خرداد ۱۳۶۷- سال ۱۸- شماره ۸۵۱
[۲] نشریه دنیای ورزش- شنبه ۴ تیر ۱۳۶۷- سال ۱۸- شماره ۸۵۳
[۳] نشریه دنیای ورزش- شنبه ۸ مرداد ۱۳۶۷- سال ۱۸- شماره ۸۵۸

ورزش خواهران[1]

والیبالیست اول: ببینم تو پنجه زدنت بهتره یا ساعد گرفتنت؟

والیبالیست دوم: پنجول گرفتنم از هر دو تاش بهتره.

قابل ذکر است که همکاری من با نشریه "دنیای ورزش" در اردیبهشت سال ۱۳۶۹، یعنی پس از ۳ سال و ۸ ماه فعالیت به پایان رسید.

[1] نشریه دنیای ورزش- شنبه ۲۰ اسفند ۱۳۶۷- سال ۱۹- شماره ۸۸۹

۱-۲ همکاری با فکاهیون

از آنجایی که آغازها عموماً پایانی دارند، کم‌کم احساس کردم که مایلم در ژانرهایی غیر از ژانر ورزشی هم ذوق‌آزمایی کنم. لذا پس از حدود یک سال فعالیت در نشریه "دنیای ورزش"، به طور همزمان، از مهر ماه ۱۳۶۶، قدم به مقصد دیگری، یعنی نشریه "فکاهیون"، گذاشتم. مطلب زیر یکی از آثار من در نشریه فکاهیون است:

ضرب‌المثل‌ها[1]

- من می‌گم لالم تو می‌گی چرا جواب سلامم را ندادی؟
- پشیمانی هم مثل حساب‌های قرض‌الحسنه هیچ سودی ندارد.
- سیر به پیاز می‌گه من از آدم گرسنه خبری ندارم.

فعالیت من با مطبوعات، تنها به نوشتن آثار خودم ختم نشد، بلکه پس از مدتی شروع به ترجمه آثار طنز از زبان انگلیسی کردم. این شما و این هم نخستین اثر ترجمه شده‌ام در مطبوعات کشور، یعنی در نشریه "فکاهیون":

راهنمایی[2]

دانشجویی که تازه فارغ‌التحصیل شده بود راهنمایی عده‌ای از دانشجویان سال اولی را به عهده گرفته بود و داشت جاهای مختلف دانشگاه را به آنها نشان می‌داد: بله آن دانشکده مکانیکه، آن هم دانشکده علومه و ... آن پنجره‌هایی که می‌بینید متعلق به رئیس دانشگاهه. پس از این حرف یک تکه سنگ از روی زمین برداشت و به طرف یکی از آن پنجره‌ها پرتاب کرد. پس از چند لحظه یک صورت عصبانی و قرمز شده از وسط پنجره شکسته بیرون آمد. با دیدن این صحنه دانشجوی راهنما بادی به غبغب انداخت و گفت: و بالاخره آن هم رئیس دانشگاهه.

---

[1] نشریه فکاهیون- مهر ۱۳۶۷- سال ۶- شماره ۸۰
[2] نشریه فکاهیون- اسفند ۱۳۶۷- سال ۷- شماره ۸۵

تعداد آثار چاپ شده من در نشریه "فکاهیون" زیاد نبود و پس از ۲ سال و نیم فعالیت با این نشریه (از مهر ۱۳۶۶ تا اسفند ۱۳۶۸)، همکاری‌ام با این نشریه نیز به پایان رسید.

۱-۳ همکاری با خورجین

از سال ۱۳۶۹ شروع به همکاری با نشریه "خورجین" کردم. علت این امر هم کوچ اکثر اعضای هیأت تحریریه نشریه "فکاهیون" به "خورجین" بود (گویا به سبب تمکن مالی بهتر این دومی). اثر زیر یکی از بهترین آثار من در نشریه "خورجین" است (بلند بگو: وای به حال بدترینش) که در زمان پخش سریال معروف "اوشین" و تحت تأثیر مستقیم آن نوشته شده است:

ماشین[۱]

"ما" یعنی من و همسرم، برای صاحب "ماشین" شدن تنها به یک "شین" احتیاج داریم. اما در طی این بیست سال زندگی مشترک‌مان و با وجود "ما" بودن‌مان، هنوز نتوانسته‌ایم به این "شین" ناقابل که حتی "اوشین" هم آن را دارد دست پیدا کنیم و از این زجر بی "ماشین" بودن خلاص بشویم. "ما" یعنی من و همسرم، درباره علت این ضایعه اسفناک، دو نظریه متفاوت داریم. همسرم معتقد است که این تقصیر بی‌بخار بودن خود من است و اینکه اصولاً من، یعنی خود من، ذاتاً آدم بدشانسی هستم. ولی من فکر می‌کنم که مسببین اصلی این مصیبت، مسئولین اداره ثبت و احوال‌اند. حتماً می‌پرسید به اداره ثبت و احوال چه مربوط است؟ و من هم به شما جواب می‌دهم که خیلی هم مربوط است. چون اگر مسئولین محترم آن اداره به "ما" یعنی من و همسرم اجازه داده بودند که لااقل اسم یکی از فرزندان‌مان را "شین" بگذاریم، "ما""شین"دار شده بودیم. نمی‌دانم و ا . . .، شاید هم به قول همسر نازنینم اصلاً من آدم بی‌عرضه و بداقبالی هستم. واقعاً هم که اگر یک جو عقل و بخت داشتم که به‌جای ازدواج با همسر فعلی‌ام، با دختر یک آدم پول‌دار ازدواج می‌کردم تا لااقل این همه سال در تب داشتن یک "ماشین" فکستنی نسوزم و آب نشوم.

پس از حدود یک سال فعالیت (از ابتدا تا انتهای سال ۱۳۶۹)، نوبت به جدایی از "خورجین" رسید.

---

[۱] نشریه خورجین- شهریور ۱۳۶۹- شماره ۵۷

۱-۴ همکاری با گل آقا

اکنون نوبت به پیوستن به آنی رسید که منتظرش بودید. بلی، پیوستن به "گل آقا". جالب است بدانید که علت این تغییرمکان هم تقریباً (و نه دقیقاً) مشابه با مورد قبل بود. در موارد قبلی من کارم را با ارسال آثارم به نشریات شروع کردم. اما این بار با خودم با دفتر نشریه "گل آقا" تماس تلفنی گرفتم و پس از صحبت با سردبیر وقت آن، یعنی زنده‌یاد "مرتضی فرجیان"، به ایشان پیشنهاد دادم که در نشریات "گل آقا"، آثار ترجمه شده نیز در کنار آثار طنزپردازان داخلی وجود داشته باشد. ایشان هم به شدت از این مساله استقبال کردند و پس از مدتی، من با تعدادی مطلب ترجمه شده نزد ایشان رفتم و از همان لحظه شدم مترجم نشریات "گل آقا". البته من بعدها فهمیدم که قبل از من، آثار ترجمه شده توسط افراد دیگری نیز در نشریات "گل آقا" چاپ شده بود، ولی این امر استمرار زیادی نداشته است.

آثار من تا پیش از آغاز همکاری با نشریات "گل آقا" با نام و نام خانوادگی‌ام و یا با نام مستعار "فندق‌شکن" به چاپ می‌رسید. اما در "گل آقا" قانونی نانوشته وضع بود. طبق این قانون، در هر شماره از نشریه، تنها یک اثر نوشتاری از یک نویسنده، می‌توانست با یک نام مستعار چاپ شود (؟؟). به بیان دیگر اگر قرار بود دو اثر از من در یکی از شماره‌های هفته‌نامه "گل آقا" چاپ شود، باید این دو اثر با دو نام مستعار متفاوت چاپ می‌شدند. لذا اگر قرار می‌بود که پنج اثر از من در یکی از شماره‌های نشریه چاپ شود، من می‌بایست پنج نام مستعار می‌داشتم و الی آخر. پس از پرس‌وجوی علت این امر عجیب به من گفته شد که علت این کار این است که خوانندگان نشریه دوست ندارند اسامی مستعار تکراری در نشریه ببینند. نیز این‌که اگر چند اسم مرتب تکرار شود، خوانندگان فکر می‌کنند مجله توسط سه- چهار نفر نوشته می‌شود و دیگر نشریه را نمی‌خرند. اگر شما این دلایل پوچ و سطحی را باور کردید، من هم باور کردم. چطور یک کاریکاتوریست می‌توانست پنج یا شش کاریکاتور در یک شماره و تازه همگی‌شان را با نام و نام فامیلش (و نه با اسم مستعارش) داشته باشد و خوانندگان از این امر آزرده نمی‌شدند؟ مسلماً مساله روشن بود. نمی‌خواستند افراد مطرح شوند. سیاستی که "توفیق" نیز داشت. مابقی هم کم و بیش داشته یا دارند. در مورد کاریکاتوریست‌ها هم، زورشان نمی‌رسید. به همین سادگی. بر فرض محال هم که این نظر نشریات طنز درست بود (این‌که "خوانندگان فکر می‌کنند مجله توسط سه- چهار نفر نوشته می‌شود و دیگر نشریه را نمی‌خرند")، نشریات

طنز که اکثرشان ادعا می‌کردند و می‌کنند هدف‌شان آگاه کردن افراد است، آیا با این عمل‌شان، بجز شیره مالیدن بر سر مخاطبان‌شان، کار دیگری را انجام می‌دادند (و چه‌بسا می‌دهند یا خواهند داد)؟

البته برخی موارد استثنا برای بعضی افراد قائل می‌شدند. به ویژه پس از اعتراض‌های شدید من به این امر، که از مهمترین عوامل رفتنم از نشریات "گل آقا" نیز بود، تا حدی این امر تضعیف شد (ما بکاریم، دیگران بخورند). و این بود علت آن‌که بنده دارای یک- دوجین اسم مستعار شدم. اسامی به شرح زیر:

فندق‌شکن، غریب‌آشنا، سفیدبرفی، آدم‌برفی، شیربرفی، ببرکاغذی، دیپلمه‌سابق، ابوالمجانین، تک‌فرزند، مترجم ناشی، مش‌قاسم، قاسم فرامرزی.

از این‌ها که بگذریم، اکنون نوبت اصل مطلب ، یعنی مطالب چاپ شده بنده در نشریات "گل آقا" است. کارهای زیر که در ستون "از مطبوعات خارجی" و با لوگوی زیبایی که با ایده من و اجرای دوست عزیزم، کاریکاتوریست توانا، جناب آقای "احمد عبداللهی‌نیا" خلق شد، از آثار ترجمه چاپ شده از من در هفته‌نامه "گل آقا" است:

از مطبوعات خارجی:

مترجم زبل[۱]

یک سارق مکزیکی که بانکی را در تگزاس زده بود، چند روز بعد از سرقت به یک پلیس آمریکایی برخورد کرد. پلیس که با دیدن او و با مطابقت دادن مشخصاتی که بانک مزبور داده بود، تقریباً اطمینان داشت که وی همان سارق بانک است، جلویش را گرفت، ولی چون مکزیکی بلد نبود، مجبور شد از یک رهگذر که مکزیکی می‌دانست، خواهش کند تا بین آنها

[۱] نشریه هفته‌نامه گل آقا- ۳۱ تیر ۱۳۷۲ – سال ۴- شماره ۱۶

ارتباط برقرار کند. پلیس به مترجم گفت: از او بپرس آیا اسم تو "مانوئل گونزالس" است؟ مترجم پرسید و پس از چند لحظه جواب داد: می‌گوید بله، اسم من "مانوئل گونزالس" است. پلیس مجدداً گفت: از او بپرس آیا تو به بانک تگزاس دستبرد زده‌ای؟ مترجم در جواب گفت: می‌گوید بله، من به آن جا دستبرد زدم. در این لحظه پلیس اسلحه‌اش را روی پیشانی سارق گذاشت و به مترجم گفت: به او بگو تو در حین سرقت برادر من را کشتی. حالا من تا سه شماره می‌شمارم. اگر نگویی که پول‌ها را کجا پنهان کردی، مطمئن باش بدون معطلی شلیک می‌کنم. سارق در حالی که از ترس صدایش می‌لرزید، به مترجم گفت: به او بگو باشد، من همه چیز را می‌گویم، فقط بگو شلیک نکند. آخر من زن و چهار تا بچه دارم. تمام یک میلیون دلاری که دزدیدم، توی سطل آشغال خیابان پشتی است. پس از شنیدن این جملات، مترجم به پلیس گفت: می‌گوید، از اولش هم با دیدن دهان گنده‌ات، فهمیدم که باید با آن فلان‌فلان شده نسبتی داشته باشی. احمقی مثل تو که سهل است، حتی رئیس‌جمهور هم نمی‌تواند بفهمد پول‌ها کجاست. مطمئنم که پخمه‌ای مثل تو شهامت شلیک کردن ندارد. اگر راست می‌گویی، شلیک کن ببینم. نامردهاش شلیک نمی‌کنند.

فرزند کمتر، زندگی بهتر[1]

کودکان شما، چراغ‌های خانه‌های شما هستند. لطفاً در مصرف برق صرفه‌جویی کنید.

کمبود وقت[2]

اشخاصی که فکر می‌کنند برای حفظ سلامتی‌شان، چند دقیقه وقت جهت ورزش روزانه ندارند، دیر یا زود وقت کافی را برای مراجعه مرتب به دکتر را پیدا می‌کنند.

کلمات قصار[3]

این تنها قلب‌های ضعیف هستند که هیچ‌گاه شاد نمی‌شوند.

---

[1] نشریه هفته‌نامه گل آقا- ۶ آبان ۱۳۷۲ – سال ۴- شماره ۳۰

[2] نشریه هفته‌نامه گل آقا- ۲ دی ۱۳۷۲ – سال ۴- شماره ۳۸

[3] نشریه هفته‌نامه گل آقا- نوروز ۱۳۷۳ – سال ۵- شماره ۱

"چارلز دیکنز"

هرگز از جلو به یک گاو، از پشت به یک خر و از جمیع جهات به یک احمق نزدیک نشوید.

"ضرب‌المثل خارجی"

در خانه[۱]

پسر: پدر من امروز سه تا مگس ماده و دو تا مگس نر را کشتم.

پدر (با تعجب): نر و مادگی‌شان را از کجا فهمیدی؟

پسر (با لبخند): خیلی ساده. چون سه تا از آن‌ها جلوی آیینه نشسته بودند و دو تای دیگر روی جعبه سیگار.

راز بقا[۲]

هر روز صبح در جنگل یک آهو با این فکر از خواب برمی‌خیزد که او باید سریع‌تر از یک شیر بدود وگرنه کشته می‌شود. همچنین یک شیر با این فکر بیدار می‌شود که او باید آهویی را دنبال کند که از بقیه آهسته‌تر می‌دود وگرنه از گرسنگی خواهد مرد. خلاصه کلام این‌که وقتی شما در جنگل هستید، فرقی نمی‌کند که یک شیر باشید یا یک آهو، چون، اگر بخواهید زنده بمانید، باید دونده خوبی باشید.

عدد پنج[۳]

شخصی خرافاتی اعتقاد داشت که عدد مهم زندگی‌اش پنج است. چون او در روز پنجم از ماه پنجم سال به دنیا آمده بود، دارای پنج فرزند شده، و مدت پنج سال در خانه شماره ۵۵ خیابان

---

[۱] نشریه هفته‌نامه گل آقا- ۲۲ اردیبهشت ۱۳۷۳ – سال ۵- شماره ۷

[۲] نشریه هفته‌نامه گل آقا- ۵ خرداد ۱۳۷۳ – سال ۵- شماره ۹

[۳] نشریه هفته‌نامه گل آقا- ۹ تیر ۱۳۷۳ – سال ۵- شماره ۱۳

۵۵۵ شرقی زندگی می‌کرده است. وقتی او متوجه شد که در پنجاه و پنجمین سالگرد تولدش اسبی به نام "پنجه" قرار است در پنجمین مسابقه آخر فصل در خط پنج بدود، با خودش گفت که باید روی آن اسب شرط ببندم، چون با این همه تکرار حیرت‌آور عدد پنج، اسب مزبور حتماً برنده مسابقه می‌شود.

از این رو پنج هزار دلار را که کل دارایی‌اش بود، به غرفه شماره پنج میدان اسب‌دوانی برد و تمامش را روی اسب مزبور شرط‌بندی کرد.

جالب است بدانید که اتفاقاً اسب مزبور در آن مسابقه پنجم شد.

داستان واقعی[۱]

من و دوستم "ریچارد" هر وقت سوار آسانسور می‌شدیم، شروع به تعریف داستان‌های ترسناک می‌کردیم تا با تماشای چهره وحشت‌زده مسافران داخل آسانسور، خودمان را سرگرم کرده باشیم. ماه گذشته وقتی "ریچارد" مثل همیشه مشغول صحبت بود و داشت می‌گفت: "خیلی خوب شد دیشب جنازه آن مرد چهل ساله کت و شلوار مشکی را که بعد از گرفتن پولش کشتیم، توی رودخانه تایمز انداختیم، وگرنه ممکن بود جسدش برای‌مان دردسر درست کند." ناگهان کارآگاهی که مخفیانه داشت به سخنان "ریچارد" گوش می‌داد، هر دو ما را دستگیر کرد و به اداره پلیس برد. آخر حقیقتاً جنازه شخصی مطابق با مشخصات فرد خیالی که "ریچارد" درباره آن صحبت می‌کرد، صبح همان روز از رودخانه تایمز گرفته شده بود. و چون من و "ریچارد" شاهدی برای اثبات این‌که در شب قبل مشغول پرسه‌زدن در خیابان‌های شهر بودیم، نداشتیم، قاضی دادگاه ما را به بیست سال حبس محکوم کرد. و من الان دارم این مطلب را داخل سلولم می‌نویسم و تقریباً مطمئن هستم شما هم که خواننده این مطلب هستید، مثل قاضی دادگاه، داستان صددرصد واقعی مرا باور نمی‌کنید.

[۱] نشریه هفته‌نامه گل آقا- ۲۳ تیر ۱۳۷۳ – سال ۵- شماره ۱۵

لنین در لهستان[1]

وقتی حزب کمونیست قدرت را در لهستان در دست گرفت، رهبران آن به یک نقاش معروف لهستانی دستور دادند تا اثری تحت عنوان "لنین در لهستان" خلق کند.

هنرمند مزبور با این‌که از حزب کمونیست متنفر بود، قبول کرد که در ازای دریافت حق‌الزحمه‌ای چشمگیر و نیز داشتن آزادی کامل هنری، به خلق چنان اثری بپردازد.

بالاخره نقاشی مزبور کشیده شد و روز پرده‌برداری آن در برابر رهبران حزب کمونیست فرا رسید. پس از برداشتن پرده، نمای دوری از کاخ کرملین آشکار شد، که در کنار یکی از پنجره‌های آن، دو نفر که چهره هیچ‌کدام به وضوح مشخص نبود، ایستاده بودند. دبیرکل حزب کمونیست لهستان پس از این‌که مدتی به تابلو خیره شد، از نقاش پرسید: این مرد کیست؟

نقاش گفت: او "تروتسکی" (یکی از رهبران انقلاب روسیه) است.

دبیرکل مجدداً پرسید: و این یکی؟

نقاش گفت: او "استالین" است.

دبیرکل با حیرت سری تکان داد و گفت: پس خود "لنین" کجاست؟

نقاش با لبخند گفت: خوب معلوم است، "لنین" در لهستان است دیگر.

تحول تاریخی یک مسأله[2]

*** مسأله حساب در دهه ۱۹۶۰:**

یک هیزم‌شکن یک کامیون درخت قطع‌شده را به قیمت صد دلار فروخت. با توجه به این‌که هزینه این کار، چهار- پنجم مبلغ فروش باشد، هیزم‌شکن در این کار چقدر سود برده؟

*** مسأله ریاضیات‌جدید در دهه ۱۹۷۰:**

---

[1] نشریه هفته‌نامه گل آقا- ۱۳ بهمن ۱۳۷۳ – سال ۵- شماره ۴۴

[2] نشریه هفته‌نامه گل آقا- ۸ شهریور ۱۳۷۵ – سال ۵- شماره ۲۱

یک هیزم‌شکن مجموعه درخت‌های قطع‌شده (د) را با مجموعه پول (پ) مبادله می‌کند. مجموعه (پ) صد عضو دارد. اگر مجموعه هزینه (ه) بیست عضو کمتر از مجموعه (پ) داشته باشد، مجموعه سود (س) چند عضو دارد؟

*** مسأله چهارگزینه‌ای در دهه ۱۹۸۰:**

یک هیزم‌شکن یک کامیون درخت بریده را صد دلار فروخت. اگر این معامله برای او هشتاد دلار هزینه و بیست دلار سود داشته باشد، گزینه‌ای را که عدد بیست جلوی آن نوشته شده، با کشیدن دایره مشخص کنید.

*** مسأله تشریحی در دهه ۱۹۹۰:**

یک هیزم‌شکن قسی‌القلب، درخت‌های زیبای بسیاری را برای به‌دست آوردن بیست دلار سودی ناقابل قطع کرد. با نوشتن یک مقاله، احساسات خود را در زمینه این نوع کسب درآمد، شرح دهید.

پس از چاپ تعدای از این آثار، و به پیشنهاد موسسه "گل آقا"، قرار شد که داستان‌های "آرت بوخوالد"، طنزپرداز شهیر آمریکایی و برنده جایزه ادبی پولیتزر را نیز به فارسی ترجمه کنم. این کار از چند جهت برای من دشوار بود. اولاً زبان انگلیسی‌ام چندان قوی نبود، در ثانی مثل الان اینترنتی هم نبود که اگر جایی از کار گیر کردم بتوانم به مدد مترجم گوگل کار را به مقصد برسانم. تازه از این بدتر، آثار "آرت بوخوالد"، مانند خیلی از دیگر طنزپردازان امروزی غرب، شدیدا با طنز کلامی درهم تنیده بود. طنزهای فوق‌العاده زیبایی که تنها اشکال‌شان این بود که پس از ترجمه شدن، بخش اعظمی از زیبایی خودشان را از دست می‌دادند. این را می‌گویند مصداق بارز قوزبالاقوز. پدرت درآید و یک اثر را به یک زبان بیگانه که تسلط زیادی هم به آن نداری، بخوانی و بفهمی، تازه وقتی فهمیدیش، متوجه شوی که آن اثر به درد ترجمه نمی‌خورد. اما به هر حال کاری بود که به انجام رسید. کار زیر نخستین اثر ترجه شده از "آرت بوخوالد" است که از من در نشریات "گل آقا" به چاپ رسید:

داستان خارجی **نویسنده: آرت بوخوالد**

جنگ برای صلح[1]

شما هر شب در برنامه‌های تلویزیون کسانی را می‌بینید که در حال شلیک به طرف یکدیگر هستند. در اغلب موارد، صحنه پر از تانک‌های در حال حمله به دهکده‌ها و یا نمایشگر پرتاب گازهای اشک‌اور به داخل اردوگاههاست. حال فرقی نمی‌کند تصویری که مشاهده می‌کنید مربوط به یکی از خیابان‌های بیروت است یا یکی از خیابان‌های بلفاست. توگویی تمام دنیا به یک منطقه جنگی تبدیل شده است و در این وسط هیچ کس نیست بپرسد که آخر این همه اسلحه را چه کشورهایی به دست این‌ها می‌رسانند؟

مسأله شگفت‌اور این نیست که چطور این همه جنگ‌افزار که به کمک آن‌ها می‌توان یک جنگ‌جهانی را شروع کرد به این سادگی به دست افراد می‌رسد. تعجب در اینجاست که بسیاری از اشخاصی که این سلاح‌ها را می‌فروشند، استفاده‌کنندگان واقعی محصولات‌شان را نمی‌شناسند؛ و برای شان فرقی نمی‌کند که با آنها، کی چه کسی را می‌کشد.

چندی پیش یکی از دلالان معروف اسلحه در این رابطه به من گفت: من عاشق کارم هستم، چون آدم همیشه با اتفاقات شگفت‌انگیزی مواجه می شود.

از او پرسیدم: مثلاً چه نوع اتفاقات شگفت‌انگیزی؟

گفت: مثلاً به این روزنامه نگاهی بینداز. اسرائیلی ها دارند به چین کمک می‌کنند تا یک نوع موشک کاملاً مدرن بسازد. چین هم قرار است این موشک‌ها را به عربستان بفروشد. در نتیجه احتمال زیادی وجود دارد که عربستان از این جنگ‌افزار علیه خود اسرائیلی‌ها استفاده کند.

با تعجب پرسیدم: خود اسرائیلی‌ها هم از این امر مطلع‌اند؟

با خنده پاسخ داد: بله. و این دقیقاً همان چیزی است که امر تجارت اسلحه را به صورت یک کار سرگرم کننده درآورده است.

گفتم: من تا به حال چنین مطالبی را نشنیده بودم، ولی با این حال فکر می‌کنم که یکی از بزرگ‌ترین خریداران اسلحه شما تروریست‌ها هستند، این‌طور نیست؟

---

[1] نشریه هفته‌نامه گل آقا- ۲۹ مهر ۱۳۷۲ – سال ۴- شماره ۲۹ (شماره مخصوص سالگرد)

او جواب داد: صددرصد؛ و خوشبختانه تعداد آن‌ها روزبه‌روز دارد زیادتر می‌شود. تا چند سال قبل آن‌ها فقط گاه‌گاهی، آن هم برای خرید یک اسلحه کمری و یا نهایتاً چند تا نارنجک به سراغ ما می‌آمدند، ولی مدتی است آن‌ها بهترین نوع تسلیحات را خریداری می‌کنند؛ و به همین علت، ما هم برای آن‌ها بیش از سایر مشتری‌هایمان احترام قائلیم.

از او پرسیدم: آیا شما محدودیتی هم برای فروش سلاح‌های‌تان به آن‌ها قائل می‌شوید؟

گفت: هرگز. ولی معمولاً به آن‌ها پیشنهاد می‌کنیم که سعی کنند از این تجهیزات در کشور خودشان استفاده نکنند. برای مثال همین چند سال پیش بود که مبارزان بریگاد سرخ ژاپن با شلیک چند موشک ضدهوایی یک هواپیما را در رم سرنگون کردند و به تلافی آن تروریست‌های ایتالیایی نیز یک ترمینال هوایی را در توکیو منفجر کردند. خوب، به نظر شما از نظر افکار عمومی این کار بهتر بود یا این‌که هر یک از دو گروه مورد بحث به جای هدف قرار دادن طرف مقابل خود، مستقیماً به مناطق حساس کشور خودشان صدمه می‌رساندند؟

در جوابش گفتم: ولی در هر دو صورت، نتیجه عمل یکی است.

او گفت: البته. صددرصد. ولی این را می‌گویند پاسخ متقابل. که از لحاظ افکار عمومی قابل توجیه‌تر است.

پرسیدم: پس این‌طور که پیداست همه کشورهای دنیا در حال فروش تسلیحات به گروه‌های مخالف موجود در کشورهای دشمن‌شان هستند.

او پاسخ داد: دقیقاً. و این همان چیزی است که امر تجارت اسلحه را پرسود و در عین حال، هیجان‌انگیز کرده است. البته ما فقط دنبال سود خودمان نیستیم. بلکه حتی‌الامکان سعی می‌کنیم تسهیلاتی هم برای خریداران‌مان ایجاد کنیم. به این صورت که هرگاه دو طرف درگیر، تعهد کنند که سلاح‌های‌شان را فقط از طریق موسسه ما تأمین کنند، آن‌وقت ما هم در عوض برای آن‌ها تخفیف‌های ویژه‌ای قائل می‌شویم. برای مثال همین پرو را در نظر بگیرید. در آن‌جا هیچ گروهی وجود ندارد که اسلحه‌اش را از موسسه‌ای به‌جز موسسه ما بخرد. اگر قبول ندارید می‌توانید بروید آرم موسسه ما را روی تمام سلاح‌های انفجاری‌شان ببینید.

در پاسخ گفتم: نه، من حرف شما را قبول دارم. ولی آیا به خاطر این‌که تا حدودی در برافروختن شعله‌های جنگ در دنیا سهیم هستید، دچار عذاب وجدان نمی‌شوید؟

گفت: برای چه دچار عذاب وجدان بشویم؟ ما این کار را برای برقراری صلح در جهان انجام می‌دهیم. برای مثال همین دیروز یک تروریست برای خرید مقداری دینامیت، تعدادی چاشنی و یک اتوموبیل فولکس واگن انفجاری نزد ما آمده بود. وقتی که هنگام بسته‌بندی اقلام مزبور به او گفتم که گروه رقیب‌شان دیروز تعدادی خمپاره‌انداز خریده، او برای از بین بردن آن خمپاره‌اندازها یک عدد تانک هم خرید.
حال این‌که اگر من او را از اقلام خریداری شده توسط رقیب شان مطلع نکرده بودم، به احتمال قریب به یقین چند انسان بی‌گناه ممکن بود توسط آن خمپاره‌اندازها کشته یا مجروح شوند. پس ببینید . . . ما کارهای خوب زیادی هم در حین تجارت‌مان انجام می‌دهیم. ولی متاسفانه چون هیچ‌کس از این مسائل پشت‌پرده با خبر نیست، خیلی‌ها نسبت به ما نظر منفی دارند. شاید هم علت اصلی‌اش این باشد که دلالان اسلحه، آدم‌های متظاهری نیستند. به همین جهت دوست دارند کارهای خوبی که انجام می‌دهند، مخفی بماند.

همان‌گونه که دقت می‌کنید، در این اثر از لوس‌بازی‌هایی که رایج است در ترجمه آثار طنز از زبان بیگانه به فارسی در آنها گنجانده بشود (به‌ویژه در دوبله فیلم‌های خارجی به فارسی)، خبری نیست. کار ترجمه کلمه‌به‌کلمه (word by word) هم نیست. در بسیاری از موارد من سعی کردم که مفهوم کار را به نوعی به فارسی برگردانم که این امر مشخص نشود. مسلما این کار بسیار دشوارتر از استفاده از مزه‌پرانی‌های لوسی است که هنگام ترجمه چنین آثاری صورت می‌گیرد.

پس از ترجمه تعدادی آثار کوتاه و بلند طنز، کم‌کم احساس کردم که من هم می‌توانم بنویسم و نوشتم. مسلماً با حضور اساتید بنامی که در آن ایام در نشریات "گل آقا" بودند، در ابتدا استقبال چندانی برای چاپ آثار خودم نشد. حتی چندین بار مستقیماً به من گفته که: "شما بهتر است فقط ترجمه کنی". با خلق و خویی که من داشتم، هیچ چیز مانند ذکر چنین جملاتی، عزم من را در نوشتن آثار قابل احترام جزم‌تر نمی‌کرد. و بالاخره شد آنچه که باید می‌شد. زمانی رسید که آن‌قدر از آثار من در هفته‌نامه "گل آقا" چاپ می‌شد (گاهی حتی حدود ۱۰ مطلب در هر شماره) که دورادور (و گه‌گاه از نه چندان دور) صدای اعتراض برخی

نویسندگان قدیمی را به این امر می‌شنیدم (و مسلماً کیف می‌کردم). در زیر برخی از آثار چاپ شده‌ام در آن ایام را مشاهده می‌کنید:

پیشنهاد[۱]

با توجه به این‌که برخی حوادث غیرمترقبه از حالت غیرمترقبگی خارج شده‌اند (مثل آمدن سیل بعد از یک نم باران، به زیر آب فرو رفتن منازل ساکنان شمال کشور در اثر بالا آمدن آب دریا و . . .) پیشنهاد می‌کنم که در کنار "سازمان حوادث غیرمترقبه"، سازمانی نیز تحت عنوان "سازمان حوادث مترقبه" تأسیس شود تا سازمان اول، برای رسیدگی به مسائل و مشکلات ناشی از حوادث واقعاً غیرمترقبه وقت کافی داشته باشد.

فایده[۲]

کوچک شدن روزافزون مساحت خانه‌های احداثی در کشور، برای اغلب زوج‌های جوان این فایده را داشته است که آنها می‌توانند نخریدن اسباب و اثاثیه زندگی به سبب نداشتن دلار را، به فقدان فضای کافی برای چیدن اسباب و اثاثیه در محل سکونت‌شان ربط دهند.

لطفاً این مطلب را نخوانید[۳]

با توجه به این‌که در هر ۱۳ ثانیه یک فرد سیگاری می‌میرد و نیز با توجه به این‌که خواندن این مطلب حدود ۴۰ ثانیه به درازا خواهد کشید و درنتیجه، در مدت زمانی که شما صرف می‌کنید تا این مطلب را بخوانید، ۳ فرد سیگاری از دنیا خواهند رفت؛ به منظور جلوگیری از بروز این ضایعه غیرقابل جبران، از شما تمنا می‌کنم که این مطلب را نخوانید. البته چون می‌دانم که به مصداق "الانسان حریص علی ما منع" شما به خواندن این مطلب بیش از سایر مطالب این

[۱] نشریه هفته‌نامه گل آقا- ۸ اردیبهشت ۱۳۷۳ – سال ۵- شماره ۵

[۲] نشریه هفته‌نامه گل آقا- ۱۹ خرداد ۱۳۷۳ – سال ۵- شماره ۱۱

[۳] نشریه هفته‌نامه گل آقا- ۱۵ دی ۱۳۷۳ – سال ۵- شماره ۴۰

شماره علاقه نشان خواهید داد، لذا صمیمانه تقاضامندم که اگر هم می‌خواهید این مطلب را تا به انتها بخوانید، لااقل آن را یک بار بیشتر نخوانید؛ چون به ازای هر بار خواندن این مطلب توسط شما، ۴۰ ثانیه دیگر نیز سپری می‌شود و بالنتیجه، ۳ فرد سیگاری دیگر نیز از دنیا خواهند رفت.

آی بته بته بته[1]

اگر سازمان ملل بته بود، می‌شد در شب چهارشنبه‌سوری آن را آتش زد. آن‌وقت شاید صرب‌ها حاضر می‌شدند به جای بوسنی، روس‌ها به‌جای چچن، آمریکایی‌ها به‌جای تمامی کشورهای جهان سوم و . . .، سازمان ملل را در شب چهارشنبه‌سوری (که در غرب گویا مصادف با تمامی ایام سال است) به آتش بکشند و کلی سر ذوق بیایند، نه کلبه جمعی مردم محروم جهان را. ولی . . .، ولی افسوس و صد افسوس که سازمان ملل نه تنها بته نیست، بلکه خیلی خیلی هم از این حرف‌ها بی‌بته‌تر است.

میان ماه من تا ماه گردون . . .[2]

جالب است بدانید در اکثر کشورهای توسعه‌یافته جهان، وقتی با کسر بودجه روبه‌رو می‌شوند، بودجه دانشگاه‌ها و مراکز تحقیقاتی را افزایش می‌دهند. می‌گویید: چرا؟ می‌گویم: برای این‌که دانشگاه‌ها و مراکز تحقیقاتی، به کمک آن بودجه اضافی، با جستجوی راه‌های امدادرسانی به اقتصاد کشورشان، راهی بیابند که کسر بودجه دولت از بین برود. و جالب است بدانید در عموم کشورهای توسعه‌نیافته جهان (به علت دستور اکید گل آقا بر کوتاه‌نویسی، از ذکر نام آن کشورها خودداری می‌کنم. حالا نگویید تو که پنج سطر اضافه نوشتی، خوب همان اول، اسم آن کشورها را می‌نوشتی. ما باید اوامر گل‌آقا را انجام بدهیم دیگر.) . . . بله، در عموم کشورهای توسعه‌نیافته جهان، دولت هرگاه با کسر بودجه روبه‌رو می‌شود، بودجه اولین سازمان‌ها و

---

[1] نشریه هفته‌نامه گل آقا- نوروز ۱۳۷۴ – سال ۶- شماره ۱

[2] نشریه هفته‌نامه گل آقا- ۲۲ تیر ۱۳۷۴ – سال ۶- شماره ۱۵

موسساتی را که زائد تشخیص داده و آن‌ها را کاهش می‌دهد، همین دانشگاه‌ها و مراکز تحقیقاتی طفل معصوم است.

طنز هنری

برنامه‌های سرگرم کننده[1]

مسئولان محترم واحد پخش شبکه سوم سیما به منظور سرگرم کردن قشر جوان جامعه، اقدام به پخش برنامه‌ای تحت عنوان ماجراجویی در ورزش می‌کنند که در آن جوانان می‌توانند یاد بگیرند که چگونه می‌توان با "اسکیت بورد" از بالای ده‌ها پله به پایین پرید. یا به چه طریقی می‌شود با دوچرخه از قسمت‌هایی از کوه که حتی با تجهیزات کامل کوهنوردی نیز پایین آمدن از آن خطرناک است، پایین آمد. یا این‌که چطور با تنها قرار دادن یک سطح شیب‌دار در کنار چند اتومبیل، می‌توان با موتورسیکلت بر روی اتومبیل‌های مزبور به پرواز درآمد. و . . . .

البته شکی نیست که پخش این‌گونه برنامه‌های آموزنده تنها باعث "گرم" شدن "سر" جوانان ما نشده، چه‌بسا موجبات "گرم" شدن دست و پا و چشم و . . . آن‌ها را نیز فراهم خواهد آورد.

معرفه النسا

قانون اطاعت دوجانبه[2]

من و همسرم هیچ وقت با هم دعوا نمی‌کنیم. می‌دانید چرا؟ برای این‌که همیشه و در همه حال " قانون اطاعت دوجانبه" را رعایت می‌کنیم. به این شکل که هر وقت من حرفی می‌زنم، او با آن مخالفتی نمی‌کند، و بالعکس. مثلاً اگر بگویم: "من یک موجود زنده هستم." او مخالفتی نمی‌کند. و یا اگر بگویم: "امروز یکی از ایام هفته است." باز هم همین‌طور. عکس این قضیه هم صادق است و اگر به فرض، همسرم بگوید: "امشب باید ساعت هشت خانه باشی." من می‌گویم

---

[1] نشریه هفته‌نامه گل آقا- ۱۶ تیر ۱۳۷۳ — سال ۵- شماره ۱۴

[2] نشریه هفته‌نامه گل آقا- ۲۷ مرداد ۱۳۷۳ — سال ۵- شماره ۲۰

چشم. و یا اگر بگوید: "بدون یک النگو مثل مال پری خانم نباید این طرف‌ها پیدایت بشود." باز هم من می‌گویم چشم.

چهل سال بعد در همین هفته

سوم اردیبهشت ماه ۱۴۱۳[1]

برج کج پیزا فرو ریخت.

این برج که یکی از شاهکارهای هنر معماری جهان به شمار می‌رفت، از صدها سال پیش شروع به کج شدن نمود که تلاش شبانه‌روزی کارشناسان معماری جهان، مانع از سقوط آن شده بود. ولی در واپسین دقایق شامگاه دیروز، این برج با تکان‌های شدیدی فرو ریخت و در پی ریزش آن سر و کله تعداد زیادی از کارگران احداث خط یک مترو تهران از لابه‌لای گرد و خاک ناشی از سقوط برج پیدا شد. در اثر وقوع این فاجعه هنری سفیر ایران در ایتالیا برای ادای توضیحات به سازمان میراث فرهنگی آن کشور فراخوانده شد.

مدیر عامل شرکت مترو در همین رابطه گفت: این افراد که سال‌ها پیش قرار بود کار مترو تهران را به اتمام برسانند، در اثر یک اشتباه محاسباتی، به‌جای این ور تهران، از آن سر دنیا درآمدند.

هجدهم شهریور ماه ۱۴۱۳[2]

کانون سالمندان (جوانان سابق) اعلام کرد، کلیه زوج‌هایی که در سال ۱۳۷۳ شمسی ازدواج کرده و هنوز در قید حیات هستند، حداکثر تا دو هفته آینده، می‌توانند بدون هیچ‌گونه پیش‌شرطی، برای دریافت اقلام جهیزیه ارزان قیمت خود، به کانون مزبور مراجعه نمایند. اقلامی که برای هر یک از زوج‌های واجد شرایط در نظر گرفته شده، عبارت است از:

---

[1] نشریه هفته‌نامه گل آقا- ۸ اردیبهشت ۱۳۷۳ – سال ۵- شماره ۵

[2] نشریه هفته‌نامه گل آقا- ۱۷ شهریور ۱۳۷۳ – سال ۵- شماره ۲۳

چهل کیلو نان لواش، سه جفت جوراب مردانه و زنانه لنگه‌به‌لنگه، یک عدد تقویم و سررسید سال ۱۳۷۳، چهار حلقه لاستیک بدون آج، یک تخته فرش شش‌متری نخ‌نما، شش عدد کاسه لب‌پریده.
کانون همچنین اعلام کرد: به تقاضاهایی که پس از انقضای مهلت تعیین شده واصل شود، رسیدگی نخواهد شد.

هفتم مهر ماه ۱۴۱۳[۱]

"حمام فین کاشان"، به طور کامل بازسازی شد.
رئیس سازمان نوسازی ابنیه تاریخی (اداره حفظ میراث فرهنگی سابق) ضمن بیان این خبر در یک مصاحبه مطبوعاتی افزود: "با تغییرات اساسی که در این بنا دادیم، از این پس جهانگردانی که به کشور ما می‌آیند، می‌توانند با استحمام در این مکان، تصویر روشن‌تری از حمام رفتن "امیرکبیر" داشته باشند". ایشان در پاسخ خبرنگاری که با عصبانیت پرسید: "شما یک بنای تاریخی را نابود کردید تمام شد رفت پی کارش. آن وقت انتظار دارید برای تماشای آن، جهانگرد به این نقطه بیاید؟" گفت: "حالا بیا و خوبی کن. ما را بگو که با این کمبود ارز، در یک حمام کهنه قدیمی، وان و دوش خارجی نصب کردیم."

سی‌ام مهر ماه ۱۴۱۳[۲]

صادرات خاک کشور در شش‌ماهه نخست امسال به میزان دو برابر زمان مشابه در سال گذشته افزایش یافته است. آقای "خاکپور" وزیر خاک (نفت سابق) کشورمان، ضمن بیان این مطلب اعلام داشت: "به خاطر بالا آمدن آب دریاها، بسیاری از کشورهای جهان به منظور جلوگیری از فرو رفتن در اقیانوس‌ها، نیاز شدید به خاک دارند و خوشبختانه چون کشور ما بر روی یک فلات واقع شده، ما می‌توانیم پاسخگوی همه آن عزیزان باشیم."

[۱] نشریه هفته‌نامه گل آقا- ۷ مهر ۱۳۷۳ – سال ۵- شماره ۲۶
[۲] نشریه هفته‌نامه گل آقا- ۲۹ مهر ۱۳۷۳ – سال ۵- شماره ۲۹

ایشان در پاسخ خبرنگار ما که پرسید: "وقتی خاک‌مان تمام شد، آن‌وقت چه می‌کنید؟" گفت: "ای آقا، شما خبرنگارها، آن‌وقت‌ها هم که ما نفت داشتیم از این سئوال‌ها می‌پرسیدید، ولی دیدید که نفت هم تمام شد و مشکل خاصی پیش نیامد."

پنجم آبان ماه ۱۴۱۳[1]

استقلال‌طلبان انگلیس، مسئولیت انفجار شب گذشته بازار بزرگ بلفاست را بر عهده گرفتند.

به گزارش رادیو ایرلند، صبح امروز شخص ناشناسی که خود را عضو "ارتش آزادی‌خواه انگلیس" معرفی کرد، ضمن تقبل مسئولیت انفجار مزبور، اعلام کرد که وی و یارانش تا زمان به استقلال رسیدن انگلیس، دست از مبارزه برنخواهند داشت.

شایان ذکر است: از ده سال قبل که دو کشور ایرلند شمالی و جنوبی بعد از اتحاد با یکدیگر توانستند کشور انگلیس را ضمیمه خاک خود کنند، هر هفته به طور متوسط چهار تا پنج انفجار در نقاط مختلف کشور ایرلند رخ می‌دهد که مسئولیت کلیه این انفجارها را "ارتش آزادی‌خواه انگلیس" بر عهده می‌گیرد.

بگذارید یک کار طنز رایج هم در این‌جا ارائه کنم. از این طنزهای مبتنی بر چند خط خبر. که اکثراً این مدل مطالب را طنز (و یا حتی طنز والا) می‌دانند (منظورم از اکثراً خود شما هم هستید‌ها). شاید باورتان نشود ولی اگر خبر را از بسیاری از طنزپردازان‌مان بگیرید (یا می‌گرفتید) توان‌شان ۵۰ درصد می‌ریزد (یا می‌ریخت):

هشت روز هفته[2]

صفرشنبه

[1] نشریه هفته‌نامه گل آقا- ۵ آبان ۱۳۷۳ — سال ۵- شماره ۳۰
[2] نشریه هفته‌نامه گل آقا- ۸ اردیبهشت ۱۳۷۳ — سال ۵- شماره ۵

این‌که آقای لاریجانی فرموده‌اند:"وظیفه اصلی صدا و سیما، در اختیار قرار دادن اطلاعات انبوه به مردم است" جای هیچ‌گونه بحثی ندارد. چون در واقع این همان اطلاعات انبوه است که در دکان هیچ عطاری پیدا نمی‌شود، وگرنه دیدن برنامه‌های شاد و متنوع که با تهیه یک آنتن ماهواره هم امکان‌پذیر است.

دوشنبه

از روزی که در جراید خواندم "در سازمان مرکزی مخابرات حریقی صورت گرفته و در اثر آن بالغ بر هفتاد میلیون ریال خسارت به بار آمده است"، ناخودآگاه (و شاید هم خودآگاه) موجی از غم و اضطراب سراسر وجودم را فرا گرفته است. غم به سبب نیافتن پاسخ به این سئوال که یک چنین خسارت هنگفتی چگونه جبران می‌شود؟ و اضطراب به این خاطر که مبادا مسئولان آن سازمان، همچون همیشه راهی جز افزایش هزینه مکالمات تلفنی، برای جبران خسارت‌های‌شان پیدا نکنند.

شش‌شنبه

مطمئناً این‌که مقام ریاست سازمان امور عشایر ایران گفته‌اند: "در طول برنامه دوم ۲۰ هزار خانوار عشایر در مناطق مستعد اسکان می‌یابند." به اندازه کافی عشایرمان را به هیجان آورده است. ولی ای کاش ایشان کمی واضح‌تر سخن می‌گفتند تا عشایر گرامی‌مان متوجه شوند که منظور از مناطق مستعدی که در آن‌جا اسکان خواهند یافت، مستعدترین مراتع کشورمان از نظر سرسبزی و حاصل‌خیزی است، یا مستعدترین چهارراه‌های شهر تهران از جهت سیگار فروشی.

هفت‌شنبه

چاپ خبر دیدار قائم‌مقام وزارت امورخارجه کشورمان با وزیر اقتصاد ایالت "راین‌لندفالش" آلمان در روزنامه اطلاعات، اگر هیچ حسنی در بر نداشت، لااقل من نوعی متوجه شدم که ایالتی به این نام در کشور آلمان وجود دارد. البته چه بسا خود مقام قائم‌مقام وزارت امور خارجه‌مان نیز، حتی اگر در حین دیدارشان هم متوجه این مساله نشده باشند، با خواندن این مطلب بنده متوجه این امر شده‌اند.

من تعدادی ستون طنز هم به راه انداختم که از جمله می‌توان به ستون‌های "طنز دانشجویی"، "سخن ژرف"، "نمایش کمدی- درام"، "ماجراهای پدر دانا" و "همگام با شاپور" که در کنار ستون "کاریکلماتور"های زنده‌یاد استاد "پرویز شاپور"، مبدع کاریکلماتور در ایران و همسر "فروغ فرخزاد" چاپ می‌شد، اشاره کرد.

البته یکی از دیگر این ستون‌های ابداعی، ستون "شهر هرت" بود. این ستون از یک لحاظ خاص بود و آن این‌که، مانند بسیاری از کارهایم، در این ستون تلاش داشتم تا بیشتر فکاهه بگویم تا طنز. منظورم از طنز آن چیزی است که اکثر شما عزیزانی که الان دارید این مطلب را می‌خوانید در ذهن دارید. انتقاد از وضع موجود به نحوی که مستقیم گفته نشود و همزمان دل ظالم بسوزد و جگر مظلوم به حال آید. اما جالب است بدانید که ۹۹ درصد مطالب طنزی که امروزه در رسانه‌های مختلف کشورمان منتشر می‌شوند، غیرمستقیم با سوژه برخورد نمی‌کنند که هیچ، از صریح هم صریح‌تر می‌روند سراغ اصل موضوع. البته فکاهه‌نویسی بسیار دشوارتر می‌نماید. زیرا فکاهه در حالت بهینه، باید به‌گونه‌ای باشد که اگر ۱۰۰ سال بعد هم کسی آن را خواند باز هم بر لبش لبخند بیاید، مانند آثار مرتبط با ملانصرالدین. بد نیست نیم‌نگاهی به این ستون‌ها بیندازیم:

طنز دانشجویی

کمک‌هزینه[۱]

٭ امروز:

کارمند: قربان، یادتان می‌آید پارسال قول دادید به کارکنان دانشجو، کمک‌هزینه اعطا کنید؟

رئیس اداره: بله؛ و خوشبختانه امسال کلیات آن طرح تصویب شد که به‌زودی شما را از نحوه دریافت آن مطلع می‌کنیم.

٭ یک سال بعد:

---

۱ نشریه هفته‌نامه گل آقا- ۳ آذر ۱۳۷۳ — سال ۵- شماره ۳۴

کارمند: خیلی ببخشید قربان، می‌شود بپرسم تکلیف کمک‌هزینه دانشجویی کارکنان اداره که دو سال قبل درباره آن صحبت کرده بودید، چه شد؟

رئیس اداره: حتماً. باید خدمت‌تان عرض کنم که جزئیات طرح مزبور هم امسال تأمین شد و دیگر فقط تأمین اعتبار آن باقی مانده است.

*** دو سال بعد:**

کارمند: واقعاً شرمنده‌ام آقای رئیس، می‌شود بپرسم آن کمک‌هزینه دانشجویی که قرار بود . . .

رئیس اداره: چرا می‌گویید قرار بود؟ بفرمایید قرار است. خوشحالم که به شما بگویم اعتبار آن طرح هم تأمین شده است و دیگر تنها مانده آیین‌نامه آن نوشته و به کلیه بخش‌ها ابلاغ شود.

*** سه سال بعد:**

کارمند: قربان یادتان می‌آید چارسال پارسال‌ها قول دادید یک کمک‌هزینه‌ای به دانشجویان شاغل اعطا می‌کنید؟

رئیس اداره: مسلم است. حالا هم می‌گویم. چطور مگه؟

کارمند: هیچی، فقط خواستم بگویم که بنده دیگر نیازی به آن کمک‌هزینه ندارم، چون تحصیلات دانشگاهی‌ام تمام شد.

شهر هرت[۱]

- چرا موقعی که خواستی به سمت چپ بپیچی، راهنمای سمت راستت را زدی؟

- برای این‌که تو این شهر اگر راهنمای سمت چپت را بزنی، ماشین‌ها به‌جای این‌که از سرعت‌شان کم کنند و به تو اجازه بدهند که به سمت چپ بپیچی، خیلی سریع‌تر می‌آیند و از همان طرف رد می‌شوند. برای همین این کلک را زدم تا راحت بپیچم.[۲]

*****

[۱] برخی از دیگر مطالب این ژانر در صفحات ۱۳۷ تا ۱۴۰ ارائه شده‌اند.

[۲] نشریه هفته‌نامه گل آقا- ۱۱ آبان ۱۳۷۴ - سال ۶- شماره ۳۰

- عزیز جان. هیچ می‌دانی سرکار، یک ربع ساعت است داری لابه‌لای ماشین‌ها ویراژ می‌دهی؟
- نه، نمی‌دانستم. آخر من وقتی رانندگی می‌کنم، سعی می‌کنم حواسم را به مسائلی به جز رانندگی مشغول کنم، تا از طرز رانندگی راننده‌های بی‌مبالات شهرمان که اکثراً به قوانین راهنمایی و رانندگی کوچکترین توجهی نمی‌کنند، اعصابم داغان نشود.[۱]

*****

سخن ژرف[۲]

هر یک از ایام غیرتعطیل هفته، در صورت مصادف شدن با یک تعطیل رسمی، می‌تواند به یک روز جمعه تبدیل بشود. در صورتی که هیچ جمعه‌ای، حتی در صورت مصادف نشدن با یک تعطیل رسمی، نمی‌تواند به سایر ایام هفته تبدیل بشود.[۳]

*****

برخی آدم‌های از خود متشکر، دوست دارند وقتی شب‌ها به آسمان نگاه می‌کنند، حتی ماه هم به آن‌ها چشمک بزند.[۴]

*****

در جامعه‌ای که اکثریت افراد با کارهای خود نظم عمومی را برهم می‌زنند، به نظر می‌رسد آن اقلیتی که تلاش می‌کنند تا نظم عمومی به هم نخورد، با این کارشان، باعث برهم زدن نظم عمومی می‌شوند.[۵]

*****

[۱] نشریه هفته‌نامه گل آقا- نوروز ۱۳۷۵ - سال ۷- شماره ۱
[۲] برخی از دیگر مطالب این ژانر در صفحه ۱۳۱ ارائه شده‌اند.
[۳] نشریه هفته‌نامه گل آقا- ۲۱ بهمن ۱۳۷۲ - سال ۴- شماره ۴۵
[۴] نشریه هفته‌نامه گل آقا- ۲۲ دی ۱۳۷۳ - سال ۵- شماره ۴۱
[۵] نشریه هفته‌نامه گل آقا- ۱۳ مهر ۱۳۷۴ — سال ۶- شماره ۲۶

آیا می‌دانید عموماً سر افرادی را که خیال می‌کنند خیلی باهوش هستند، خیلی راحت‌تر از افرادی که یک چنین خیالی را در سر نمی‌پرورانند می‌توان شیره مالید.[۱]

*****

نمایش کمدی درام[۲]

این داستان: بابایی

بازیگران: ۱- استاندار، ۲- یک دختربچه هشت- نه ساله آدامس‌فروش و ۳- معاون استاندار

مکان: پیاده‌رو یکی از خیابان‌های جنب استانداری

زمان: حول و حوش ساعت ۲ بعدازظهر

* پرده بالا می‌رود.

(آقای استاندار، ناهار خود را صرف کرده، مشغول قدم زدن در پیاده‌رو یکی از خیابان‌های اطراف اداره‌اش است که ناگهان سر وکله یک دختربچه آدامس‌فروش پیدا می‌شود.)

دختربچه (در حالی که آستین کت استاندار را می‌کشد): یک آدامس بخر. یک آدامس بخر.

استاندار (در حالی که سعی می‌کند آستینش را رها کند): نمی‌خواهم دخترم. من آدامس دوست ندارم.

دختربچه: یک دانه. فقط یک دانه بخر. خوشمزه است‌ها.

استاندار: آخر دکتر به من گفته نباید آدامس بجوم.

دختربچه: چرا؟

استاندار: برای این‌که همه دندان‌هایم سوراخ است. ببین (کمی خم شده، دهان خود را به اندازه دهانه آتشفشان تفتان باز می‌کند): . . . دیدی؟

دختربچه: آره . . . ولی . . . خوب اصلاً این آدامس را بجو، وقتی نرم شد، بگذار توی سوراخ دندان‌هایت.

---

[۱] نشریه هفته‌نامه گل آقا- ۲۸ دی ۱۳۷۴ – سال ۶- شماره ۴۱

[۲] مطلب دیگری از این ژانر در صفحه ۵۵ ارائه شده است.

استاندار (با خنده): ها ها ها ها. تو دیگر کی هستی؟

دختربچه: نترس، دکترت نمی‌فهمد آدامس خورده‌ای. قول می‌دهم به کسی نگویم که آدامس خورده‌ای. د بخر دیگر. (شروع می‌کند به گاز گرفتن آستین کت استاندار)

استاندار (در حالی که سعی می‌کند آستین کتش را از دهان دخترک درآورد): عجب گیر گدای سمجی افتادم‌ها. د ول کن ببینم بچه.

دختربچه: ول نمی‌کنم، مادرم مریض است . . . باید یک دانه بخری . . . من بابا ندارم. (شروع می‌کند به گریه کردن . . .) اصلاً تو بابای منی. بابایی. بخر دیگر بابایی.

استاندار: نخیر، انگار ول کن معامله نیست. بچه، می‌گیرم می‌زنم نابودت می‌کنم‌ها.

دختربچه: بخر . . . بخر. (شروع می‌کند با مشت به شکم استاندار کوبیدن) . . . حالا که نمی‌خری، اصلاً تو بابای من نیستی. دیگر دوستت ندارم . . . ندارم. . . . ندارم.

استاندار (در حالی که دلش را می‌گیرد): آخ . . . نزن بچه . . . نزن. ای وای . . . بیا . . . بیا این صد تومان را بگیر و برو . . . آخ شکمم ترکید . . . (دختربچه صدتومانی را گرفته، هلهله‌کنان دور می‌شود.)

استاندار (در حالی که با خود صحبت می‌کند): آخ . . . بچه به این کوچکی، چه مشت محکمی داشت. قلبم دارد از ریشه درمی‌آید. چه غلطی کردم بی‌محافظ بیرون آمدم‌ها. (استاندار تقریباً به در استانداری نزدیک شده که معاون وی دوان‌دوان به سمت وی می‌آید . . .)

معاون استاندار: مژده قربان. مژده.

استاندار (در حالی که سعی می‌کند وضعیت را عادی جلوه دهد): چیه؟ چی شده؟

معاون استاندار: هیچی قربان، همین الان مرکز آمار به ما اطلاع داد که تعداد متکدیان شهر از زمان انتصاب شما به مقام استانداری، هشتاد درصد کاهش یافته است.

استاندار (لبخند معنی‌داری می‌زند): عجب. ولی با توجه به اقداماتی که من در این زمینه انجام داده‌ام، فکر می‌کردم کاهش متکدیان باید خیلی بیش از هشتاد درصد باشد.

*پرده، دمش را روی کولش گذاشته، پایین می‌آید.[1]

---

[1] نشریه هفته‌نامه گل آقا- ۲۷ مهر ۱۳۷۴ – سال ۶- شماره ۲۸

ماجراهای پدر دانا

دختر: پدرجان. شما عربی‌تان خوب است؟

پدر: ای . . . یک چیزهایی سرم می‌شود. چطور؟

دختر: می‌خواستم بپرسم، "عمیر" از چه مصدری مشتق می‌شود؟

پدر: از مصدر "خمیر".

دختر: ولی فکر نمی‌کنم درست بگوییدها.

پدر: چرا عزیزم؟ . . . مگر صدای "عر" از جناب "خر" مشتق نمی‌شود؟

دختر: چرا.

پدر: خوب همان جور که "عر" از "خر" مشتق می‌شود، "عمیر" هم از "خمیر" مشتق می‌شود. البته با این فرق که "خر" مصدر ثلاثی مجرد است، ولی "خمیر" مصدر ثلاثی مزید.[۱]

همگام با شاپور (کاریکلماتور)[۲]

آدم‌آهنی‌غرب‌زده، دوست دارد او را روبات صدا کنند.

گل همیشه بهار از آمدن پاییز باکی ندارد.

حاصل‌جمع حرف‌های‌نزده مساوی است با سکوت.

عاشق شنیدن صدایی هستم که برای شنیدن صدای من سکوت می‌کند.

وقتی با خودم خلوت می‌کنم، دیگر احساس تنهایی نمی‌کنم.

چکیدن خون پرنده در آسمان از چکیدن ماشه تفنگ شکارچی در زمین خبر می‌دهد.

دلم برای آدمی می‌سوزد که برای تلف کردن هر لحظه از عمرش ساعت‌ها برنامه‌ریزی می کند.[۳]

✱✱✱✱✱

---

۱ نشریه هفته‌نامه گل آقا- ۳ اسفند ۱۳۷۴ — سال ۶- شماره ۴۵

۲ برخی از دیگر مطالب این ژانر در صفحات ۶۳ و ۱۵۳ و تحت عنوان "کاریکلماتور" ارائه شده‌اند.

۳ نشریه ماهنامه گل آقا- آذر ۱۳۷۲ — سال ۳- شماره ۹

معمولاً شاعرسال، مثنوی شب‌یلدا را با ردیف برف می‌سراید.
پیمانه‌چشم گمشده صحرا لبریز از سراب است.
اتاق‌کار آدم‌تن‌پرور، اتاق‌خوابش است.
شب، چشم دیدن روز را ندارد.
حتی آن‌قدر نفس ندارم که از نفس بیفتم.
عاشق چرخ‌امیدی هستم که در جاده‌یاس، سریع‌تر می‌چرخد.[۱]

*****

آسمان با بارش نخستین برف‌زمستانی، کلنگ احداث آدم برفی‌ها را بر زمین کوبید.
نگاه‌آدم‌تن‌پرور بوی رخوت می‌دهد.
شلیک کلمات هرچقدر هم که ناشیانه باشد، به بطن سکوت اصابت می‌کند.
زمین‌لرزه به اختلاف‌طبقاتی ساکنان آپارتمان‌ها پایان داد.
عاشق آب‌پاکی هستم که چون دوست ندارد روی دست کسی ریخته‌شود، خودش را گل‌آلود می‌کند.[۲]

*****

بهار با آمدنش، به زیبایی‌های زمین جلوه آسمانی بخشید.
حرف‌های ناگفته، شنیدن ندارد.
تیراژستارگان، سربه آسمان می‌گذارد.[۳]

*****

[۱] نشریه ماه‌نامه گل آقا- بهمن ۱۳۷۲ – سال ۳- شماره ۱۱
[۲] نشریه ماه‌نامه گل آقا- اسفند ۱۳۷۲ – سال ۳- شماره ۱۲
[۳] نشریه ماه‌نامه گل آقا- تیر ۱۳۷۳ – سال ۴- شماره ۴

خیابان‌زندگی یک طرفه است.
آیا این واقعا عجیب نیست که برخی انسان‌ها حتی به اندازه یک آدم بی‌عقل هم عقل ندارند.
کاهلی، پیشه آدم‌تن‌پرور است.
مترسک برای آدم‌برفی شدن باید تا زمستان صبر کند.[۱]

*****

درِ زندگی، بر پاشنه‌مشکلات می‌چرخد.
میزکار آدم‌تن‌پرور، رختخوابش است.
میزان صدمات ناشی از سقوط را، ارتفاع نقطه اوج تعیین می‌کند.
افسوس که وقتی رشته کلام آدم‌پرگو قطع می‌شود، تازه این سکوت است که در مغزآدم بوق‌ممتد می‌زند.
مترسک هیچ‌گاه به کلاغ‌ها وعده‌سرخرمن نمی‌دهد.
سگ‌گرگی، شترمرغ سگهاست.[۲]

من شاعر نیستم و نخواهم شد. اما گاهی اوقات چیزهایی می‌سراییدم. مطلب زیر کاملاً اشاره به ناچیز بودن حق‌التحریر بنده دارد. توجه بفرمایید:

غزلواره نو

حدیث دشت و کشت[۳]

ای عاشق دیوانه مجنون این دشت — یک دم بیا با سر بزن بر روی این تشت
آری بیا تا با دو چشم خویش بینی — هفت و شش بنده بباشد گیر یک هشت[(۱)]

---

[۱] نشریه ماه‌نامه گل آقا- شهریور ۱۳۷۳ – سال ۴- شماره ۶
[۲] نشریه ماه‌نامه گل آقا- مهر ۱۳۷۳ – سال ۴- شماره ۷
[۳] نشریه هفته‌نامه گل آقا- ۱۸ آبان ۱۳۷۴ – سال ۶- شماره ۳۱

اما رئیس گلعذارم هر چه گویم: لطفاً عنایت کن به بنده مختصر دشت[۲]
تا من رها سازم خود و خویشان خود را از یک‌چنین اوضاع ناجور هفلهشت[۳]
گوید: برو طماع و دیگر دست‌بردار از دست این درخواست‌ها، کله‌ام کچل گشت
نشنیده‌ای گویا تو این زیبا سخن را هرکس درو خواهد نمودن آن‌چه او کشت[۴]

پاورقی‌ها:

[۱] به نظر می‌رسد که منظور شاعر از "هشت"، اشاره به میزان حقوق ماهانه‌اش باشد که هشت هزار تومان است.

[۲] مراد از "دشت"، همانا اضافه حقوق است.

[۳] مفهوم این بیت و بیت قبلی، کاملاً واضح است.

[۴] آوردن "کشت" (با فتحه) به‌جای "کشت" (با کسره)، هیچ دخلی به تنگی قافیه ندارد. شاعری که اوضاعش هفلهشت باشد، قافیه شعرش بهتر از این درنمی‌آید.

البته همه کارهایم ستونی نبود. برخی هم آزاد بودند. برخی نیز ادامه‌دار بودند، مانند اثر زیر که تقلیدی از یکی از کارهای "نیکلای گوگول"، نویسنده شهیر روس بود و در ادامه این کتاب، بخش‌های ۲ و ۳ آن را می‌خوانید:

از دفترچه خاطرات یک هالوی (دیوانه) سابق[۱] (اپیزود اول)[۲]

شش‌شنبه:

امروز وقتی با "بروتوس" مشغول تله‌گذاری برای گرفتن چند ببر و پلنگ بودیم، تا برای جشن تولد "سزار" آن‌ها را به‌جان هم بیندازیم، "شکسپیر" صدایم زد، ولی من صدایش را نشنیدم. او چند بار دیگر هم فریاد زد: آهای "لئوناردو" مگر تو کری؟ ولی من حتی این جمله را هم نشنیدم. فکر می‌کنم گوشهایم کمی سنگین شده‌اند.

[۱] نشریه ماهنامه گل آقا- اسفند ۱۳۷۲ – سال ۳- شماره ۱۲

[۲] قسمت دوم این مجموعه در صفحه ۶۸ و قسمت پایانی آن در صفحه ۱۲۳ ارائه شده است.

هفت‌شنبه:

بعدازظهر "ناپلئون" را دیدم. سخت توی فکر بود. از او پرسیدم: داری به چی فکر می‌کنی؟ جواب داد: تو این فکرم که آدم همه چیز نداشته باشد بهتر است یا هیچ چیز داشته باشد؟ واقعا که سئوال سختی است. هنوز نتوانسته‌ام جوابی برای آن پیدا کنم.

هشت‌شنبه:

قرار است فردا یک نفر دیگر به ما اضافه بشود. "موسولینی" می‌گفت اسم مهمان جدیدمان "هیتلر" است. ولی من فکر نمی‌کنم که حرفش درست باشد، چون ما خودمان سه تا "هیتلر" داریم. "استالین" می‌گفت اگر او "چرچیل" باشد معرکه می‌شود، چون آن‌وقت می‌توانیم جلوی "هیتلر"ها بایستیم. شاید حق با "استالین" باشد، ولی آخر یک "چرچیل" در برابر سه تا "هیتلر" چه کار می‌تواند بکند؟ باید صبر کرد و دید.

نه‌شنبه:

فردا ناهار کیک سیب داریم. حتماً "نیوتن" خوشحال می‌شود. آخر او عاشق سیب است. "داروین" می‌گوید: علت علاقه "نیوتن" به سیب این است که کله او شبیه سیب است. البته راستش را بخواهید، کله خود "داروین" بیشتر شبیه سیب است تا کله "نیوتن". ولی من هیچ‌وقت جرات نمی‌کنم این حرف را به او بزنم، چون می‌ترسم باز هم مرا متهم کند که از نسل نارگیلم. کسی نیست به او بگوید آخر اگر من از نسل نارگیل بودم که دیگر این‌قدر عاشق کیک سیب نبودم.

ده‌شنبه:

باز هم امروز "ژول ورن" تا سر نگهبان‌ها را دور دید، پرید توی حوض و عین یک موش آب‌کشیده شد. مردک می‌گوید "ناتیلوس" توی حوض حیاط گیرکرده است و باید هر طوری شده "کاپیتان نیمو" و سایر دوستانش را از این وضع خارج کرد. کسی نیست به او بگوید بر فرض هم که "ناتیلوس" توی حوض حیاط باشد، از کجا معلوم که "کاپیتان نیمو" و دوستانش ویزای ورود به اینجا را داشته باشند. واقعا که عقلش کم است.

یازدهشنبه:

باز امروز "ارسطو" و "گالیله" با هم گلاویز شدند. آخر "گالیله" میگوید: زمین به دور خورشید میچرخد، علاوه بر آن به دور خودش هم میچرخد. ولی "ارسطو" میگوید: نخیر، این خورشید است که به دور زمین میچرخد و زمین سرجای خودش ایستاده است. اگر زمین دور خودش میچرخید ما همه سرگیجه میگرفتیم.

مسلماً هر دیوانهای هم میداند که حق با "ارسطو" است، چه برسد به آدمها فرهیختهای مثل ما.

دوازدهشنبه:

هر آدم عاقلی میداند که دوازدهشنبه، مطابق با جمعه است. لذا امروز دیوانهخانه تعطیل بود. هفته آینده دو تا جمعه داریم. چون دوشنبه هم تعطیل است.

برخی از کارهایم نیز مانند اثر زیر، آنقدر لوس بودند که خودم تحویل ستون "سبدیات" میدادم. این ستون زیر نظر سردبیر بلندنظر نشریات "گل آقا"، که با فوت وی به واقع کلنگ پایانکار نشریات "گلآقا" نیز بر زمین زده شد، یعنی زندهیاد "مرتضی فرجیان" (با نام مستعار "سبدمیرزا") اداره میشد و نقش مؤثری در کشف طنزپردازان جوان داشت.[1] بخوانید:

سبدیات

٭ اعظم النوابغ سبد، جناب "قاسم فرامرزی"، این بار برداشته و نوشته:

من برای نخستین بار در تاریخ (و یحتمل در جغرافی) لطیفهای ساختهام که گفتگوی افرادش نتهای موسیقی است. امیدوارم که شما نیز با نواختن این جوک (حال چه با نی و چه با ارگ دیجیتال) مثل من کلی بخندید:

سل: می می فا، دو دو.

---

[1] مرتضی فرجیان، "نقش ستون سبدیات در کشف طنزپردازان"، نشریه سالنامه گل آقا- ۱۳۷۳- سال ۴- شماره ۴، صص ۱۲۲-۱۳۳.

می: ر؟ ر؟

سل: لا لا سی.

می: سی، دو، لا لا سی، لا لا سی.

سبدمیرزا: می، بی، نی، تو، چه لوسی؟ چه لوسی؟[۱]

*****

* کم‌کم دارم نسبت به آخر و عاقبت "قاسم فرامرزی" دلواپس می‌شوم. چون در آخرین "کاریجفنگاتور"هایش بدجوری رگه‌های نبوغ به چشم می‌خورد:

- من سابقاً گفته می‌شدم.

- باید از هر وسیله‌ای که موجب چیزی می‌شود، برای انجام کاری استفاده کرد.

- هوای کارهای من سرد است، حتی شاید یک کمی هم بیشتر.

- متاسفانه نگاهم نسبت به گذشته، پیشرفت محسوسی نکرده است.

- این عادت من است که از کنار خودم عبور کنم.

سبدمیرزا: ملاحظه فرمودید؟ از کنار خودش عبور می‌کند، می‌آید درست وسط سبد مزاحم ما می‌شود.[۲]

همان‌گونه که شاید حس کرده باشید، کارهای من تا حدودی با سایر آثاری که آن ایام و چه هم اکنون به زیور طبع آراسته می‌شود تفاوت دارد. اصلاً قصدم بهتر بودن نیست، بلکه نظرم متفاوت بودن است. به ویژه نزدیکی شدید بسیاری از آنها با ژانر فکاهی، تا طنزهای مستقیم و خطی که اکثرا (و چه بسا خود شما) با این سبک نوشتن مانوس‌ترند. این باعث شد که در پاره‌ای موارد با اصحاب آبدارخانه "گل آقا" به عدم همسویی برسم.

---

[۱] نشریه هفته‌نامه گل آقا- ۱۴ بهمن ۱۳۷۲ - سال ۴- شماره ۴۴

[۲] نشریه هفته‌نامه گل آقا- ۱ اردیبهشت ۱۳۷۳ - سال ۵- شماره ۴

این عدم همسویی آن‌قدر توسعه یافت تا بالاخره زمان رفتن از "گل آقا" پس از ۳ سال و نیم همکاری (از اوایل سال ۱۳۷۲ تا اواسط سال ۱۳۷۵) فرا رسید. این بار نیز تعداد زیادی از آنجا کوچ کردند. اما نه به یک جای خاص. بعضی هم کلاً نوشتن را کنار گذاشتند. این‌که چرا رفتم، بماند، چون این امر ارتباط تنگاتنگی دارد با شرایط آن هنگام موسسه "گل آقا". و چون من در اینجا دارم سرگذشت خودم را بیان می‌کنم و نه سرگذشت آن موسسه را، ذکر چند خط دلیل ممکن است مساله را کمی مبهم کند.

۱-۵ همکاری با اطلاعات

در اواخر زمان همکاری‌ام با موسسه "گل‌آقا"، برخی از کارهایم را به نشانه اعتراض، برای ستون طنز روزنامه "اطلاعات" با نام "طنز وارده" ارسال کردم که مسئولیت آن با یکی از طنزپردازان قدیمی، یعنی جناب آقای "محمد صالحی آرام" بود. در زیر برخی از این آثار را که اکثرشان از نظر آبدارخانه "گل آقا" در حد چاپ نبودند و در ستون "طنز وارده" روزنامه "اطلاعات" به چاپ رسیده‌اند، ملاحظه می‌نمایید:

طنز وارده

وقتی روشنفکرها وارد گود می‌شوند[۱و۲]

نمایشنامه در یک پرده

بازیگران: چهار نفر روشنفکر

مکان: داخل یک پارک واقع در شهر هرت

زمان: تا قسمت چی باشد

* پرده، روشنفکرانه بالا می‌رود.

(روشنفکر اول بر روی نیمکتی در پارک نشسته، به سختی مشغول خاراندن سر خویش است که روشنفکر دوم آهسته از پشت به وی نزدیک شده، گلوی او را می‌فشارد.)

روشنفکر اول: آخ . . . وای . . . خفه شدم . . . ولم کن.

روشنفکر دوم: ولت کنم که دربروی؟ کور خواندی.

روشنفکر اول: آخ . . . ولی . . . این‌طوری . . . خفه می‌شوم.

روشنفکر دوم: اگر قول بدهی فرار نکنی، ولت می‌کنم. قول می‌دهی؟

روشنفکر اول: قول . . . قول پیشاهنگی.

(روشنفکر دوم گلوی روشنفکر اول را رها می‌کند.)

[۱] روزنامه اطلاعات- ۹ دی ۱۳۷۴

[۲] مطلب دیگری از این ژانر در صفحه ۴۳ ارائه شده است.

روشنفکر اول (با پرخاش): دیوانه . . . داشتی مرا می‌کشتی. مگر تو عقل نداری؟

روشنفکردوم: من عقل ندارم؟ من یک روشنفکرم.

روشنفکر اول: روشنفکری و داشتی مرا که یک روشنفکرم می‌کشتی؟

روشنفکر دوم: تو یک روشنفکری؟ از کجا معلوم؟

روشنفکر اول (بادی به غبغب می‌اندازد): مگر ندیدی داشتم مغزم را می‌خاراندم؟

روشنفکر دوم: خوب؟

روشنفکر اول: خوب و درد. آدم نادان. تو از همان ابتدا باید متوجه می‌شدی. مردم عادی که مغز ندارند تا آن را بخارانند.

روشنفکر دوم (از خجالت سرخ می‌شود): انگار حق با شماست . . . واقعاً مرا ببخشید . . . فکر کردم که شما یکی از مردم عادی هستید و الکی سر خود را می‌خارانید. آخر می‌دانید، تو این شهر مردم عادی خیال می‌کنند، خودشان موش هستند و ما روشنفکرها گربه. به همین خاطر اگر انسان دلسوز و خوش‌قلبی مثل من، بخواهد مردم عادی جامعه‌شان را راهنمایی کند، یا به قول امروزی‌ها آن‌ها را . . . آن‌ها را . . .

روشنفکر اول: آموزش بدهد؟

روشنفکر دوم: بله، منظورم همین بود . . . داشتم می‌گفتم، اگر امثال ما بخواهند مردم امروزی را آموزش بدهند، آن موجودات ترسو طوری با دیدن ما فرار را بر قرار ترجیح می‌دهند که تو گویی ما می‌خواهیم آن‌ها را بکشیم.

روشنفکر اول: فرمایش شما صحیح است و خود من هم هرگاه می‌خواهم به آموزش این‌گونه افراد بپردازم، درست به معضل شما برخورد می‌کنم. ولی آخر دوست عزیز، هر کاری راهی دارد. این‌طور که شما گلوی مرا فشردید، ممکن بود من راستی راستی بمیرم.

روشنفکر دوم: راه دیگری نداشتم. چون ممکن بود فرار کنید.

روشنفکر اول: چرا راه دیگری نداشتید؟ به عنوان مثال خود من، هر وقت که بخواهم مردم عادی را آموزش بدهم و روشن‌شان کنم، آهسته از پشت به آن‌ها نزدیک می‌شوم، و بعد یک مرتبه جفت گوش‌های‌شان را با دست می‌گیرم. این‌طوری نه آن‌ها می‌توانند فرار کنند، و نه صدمه جانی به آن‌ها وارد می‌شود.

روشنفکر دوم: فرمایش شما صحیح، ولی آخر می‌دانید، هرکس برای راهنمایی و آموزش مردم، روش مختص به خودش را دارد.

روشنفکر اول: بله، ولی آن روش که نباید جان طرف دوم را به خطر بندازد. شما فقط یک بار روشی را که من پیشنهاد دادم امتحان کنید، مطمئن باشید برای همیشه روش خودتان را کنار می‌گذارید. آقا جای‌تان خالی، یک بار وقتی گوش‌های یکی از این مردم نادان را از پشت سر گرفتم، مثل کسی که مار او را گزیده، چنان وحشیانه از جایش جهید که کم مانده بود جفت گوش‌های زشتش کنده بشوند و توی دستانم جا بمانند. اگر بدانید چقدر سر این موضوع خندیدم. حتی حالا هم وقتی فکرش را می‌کنم خنده‌ام می‌گیرد. عجب نادان‌هایی پیدا می‌شوندها.

(روشنفکرهای اول و دوم در حال بگو- مگو و خنده هستند که روشنفکر سوم از لابه‌لای درخت‌های پارک خارج شده، با میله‌ای آهنی که در دست دارد، دو ضربه محکم به قلم پاهای روشنفکرهای اول و دوم می‌نوازد.)

روشنفکر اول: آخ . . . مردم . . . وای.

روشنفکر دوم: آی . . . پایم را شکستی . . . دیوانه.

روشنفکر سوم: حرف زیادی موقوف وگرنه دهانت را هم می‌شکنم.

روشنفکر اول: آخ . . . آخر برای چی؟ . . . مگر مریضی؟

روشنفکر سوم: من مریضم؟ اتفاقاً حالم از همیشه هم بهتر است.

روشنفکر دوم: پس برای چی . . . با این میله آهنی پای ما را خرد و خاکشیر کردی؟

روشنفکر سوم (لبخندی فیلسوفانه بر لب می‌آورد): آخر من یک روشنفکر هستم. و چون می‌خواستم شما را راهنمایی کنم، ترسیدم اگر چلاق‌تان نکنم، با دیدن من فرار را بر قرار ترجیح بدهید و در نتیجه من نتوانم از جهالت خارج‌تان کنم. آخر می‌دانید، تو این شهر مردم عادی خیال می‌کنند خودشان موش هستند و ما روشنفکرها گربه.

روشنفکر اول: بله ما خودمان هم این را می‌دانیم، ولی تو هیچ فکر نکردی که ما هم ممکن است روشنفکر باشیم؟

روشنفکر سوم (با تعجب): چرا باید این‌طور فکر می‌کردم؟

روشنفکر اول: خیلی ساده. مگر ندیدی ما داریم می‌خندیم؟

روشنفکر سوم: چرا.

روشنفکر اول: خوب، روشنفکر نفهم، مردم عادی که به‌جز غصه خوردن کاری بلد نیستند.

روشنفکر سوم (از خجالت سرخ می‌شود): انگار حق با شماست . . . واقعاً مرا ببخشید.

روشنفکر اول (در حالی که هنوز دارد پایش را مالش می‌دهد): خواهش می‌کنم دوست عزیز، ولی آخر وقتی می‌شود با روش‌های مناسب‌تر و ملایم‌تری هم امر راهنمایی و آموزش مردم عادی را به سرانجام مقصود رساند، چرا آدم باید به خشونت متوصل بشود؟ به عنوان مثال خود من هر وقت . . .

روشنفکر دوم (تو حرف روشنفکر اول می‌دود): آن‌جا را نگاه کنید (با دست به انتهای صحنه اشاره می‌کند. فردی با یک تفنگ دولول دارد به آن‌ها نزدیک می‌شود). فرار کنید. فرار کنید.

روشنفکر اول: برای چی باید فرار کنیم؟

روشنفکر دوم (با ترس): آخر من او را می‌شناسم، او یک روشنفکر است.

روشنفکر سوم: اگر شما همدیگر را می‌شناسید، پس دیگر خطری ما را تهدید نمی‌کند.

روشنفکر دوم: آخر او چشمهایش ضعیف است و از این فاصله ما را درست نمی‌بیند . . . نگاه کنید، دارد تو اسلحه‌اش گلوله می‌گذارد . . . فرار کنید . . . ممکن است فکر کند که ما مردم نادان و عادی هستیم و بخواهد ما را به روش خودش روشن کند. فرار کنید.

(روشنفکرهای اول و دوم لنگ‌لنگان و روشنفکر سوم همچون یک غزال گریزپا، پا به فرار می‌گذارند.)

روشنفکر چهارم (در حالی که دارد به جلوی صحنه نزدیک می‌شود): نترسید . . . کاری‌تان ندارم. می‌خواهم به‌تان چند تا ایده بدهم. نادان‌ها، بایستید، آخر من یک روشنفکرم. (شروع می‌کند به سمت سه روشنفکر مزبور شلیک کردن) بنگ . . . بنگ . . . بنگ . . . روشنفکر چهارم دیگر به جلوی صحنه رسیده، ولی دلخور است. باید هم باشد، چون هیچ‌کدام از تیرهایش به هدف نخورده. به همین خاطر رو می‌کند به تماشاچیان و با خشم فریاد می‌زند: ملاحظه کردید؟ . . . مردم نادان. فکر می‌کنند خودشان موش هستند و ما روشنفکرها گربه . . . من تنها می‌خواستم بنابر وظیفه روشنفکری‌ام، با روش خاص خودم، آنها را روشن کنم، اما دیدید چطور

در رفتند؟ تازه دو نفرشان انگار چلاق بودند. اما همان چلاق‌ها هم طوری پا درآوردند و فرار کردند که انگار من می‌خواهم آن‌ها را بکشم . . . نه اصلاً شما بگویید، آخر با وجود چنین جانوران کوته‌فکر و نادانی که حتی اجازه نمی‌دهند ما روشنفکرها به آن‌ها نزدیک بشویم، چه برسد به این‌که اجازه بدهند تا راهنمایی‌شان کنیم، یا آن‌ها را آموزش بدهیم یعنی ممکن است روزی برسد که جامعه ما از جهالت رها بشود و مانند خلق‌های دیگر به سمت تعالی و ترقی گام بردارد؟

* روشنفکر چهارم (که چشمهایش هم ضعیف است) چنان با خشم و غیظ به سمت تماشاچیان نزدیک می‌شود که پیش از آن‌که تماشاچیان نیز از ترس پا به فرار بگذارند، پرده از جا کنده شده و می‌افتد.

خوب یک نمایشنامه خواندید. چطور بود؟ با یک داستان کوتاه چطورید؟ نخستین داستانی از من که در مطبوعات کشورمان به چاپ رسیده است. بخوانید:

طنز وارده

شغل دوم[۱,۲]

در عصر یک روز بهاری، "مهرداد" و "فرامرز" که هر دو حدوداً ۳۰ ساله بودند، هر دو لیسانسیه ادبیات بودند و بالاخره هر دو به سبب مشکلات دلاری مجبور بودند که حالا حالاها مجرد باقی بمانند، داشتند آخرین کارهایی را که در آن روز می‌بایست انجام دهند، به انجام می‌رساندند. "مهرداد" در حالی که مشغول ویرایش یک شعر آبکی بود، از "فرامرز" که در میز کناری وی سرگرم اصلاح یک گزارش بود، پرسید: راستی آن شغل دومی که دنبالش بودی جور شد؟ و فرامرز بدون آن‌که سر بلند کند گفت: کدام یکی؟

- همان شغل تدریس در آموزشگاه غیرانتفاعی "کسب ثروت از طریق علم".

---

[۱] برخی از دیگر مطالب این ژانر در صفحات ۸۸، ۹۲، ۱۶۹ ۱۷۵ ارائه شده‌اند.

[۲] روزنامه اطلاعات- ۸ اسفند ۱۳۷۴

"فرامرز" باز هم بدون این‌که سر بلند کند، خیلی آهسته گفت: نه.

- چرا نشد؟ تو که گفته بودی که همین امروز- فردا قرارداد می‌بندی؟

- آخر یک نفر دیگر زودتر از من رفته بود و با مبلغی کمتر از آن‌چه مورد نظر من بود، با آن‌ها قرارداد بسته بود.

- جدی می‌گویی؟ ولی آخر آن یک نفر از کجا فهمیده بود که تو با چه مبلغی می‌خواهی با آن‌ها قرارداد ببندی که توانسته رقم پایین‌تری را به آن‌ها پیشنهاد بدهد؟

- آخر آن یک نفر، که من به اندازه چندین و چند نفر دوستش می‌داشتم، کسی جز دوست صمیمی من "مهران" نبود.

- چی؟ . . . "مهران"؟ . . . ولی شما که خیلی با هم جون‌جونی هستید. حتما شوخی‌ات گرفته؟

- نه، اصلاً هم شوخی‌ام نگرفته. شاید او شوخی‌اش گرفته بوده و خواسته با این کارش سربه‌سرم بگذارد و من را بخنداند.

"مهرداد" در حالی که دیگر آن شعر بی‌سر و ته را که مشغول اصلاحش بود، روی میز انداخته بود، با لحنی غمگین- درست مثل لحن مرئوسانی که رئیس‌شان چند لحظه قبل حکم اخراج‌شان را به دست‌شان داده- گفت: و به همین راحتی شغل دوم ترا شغل دوم خودش کرد.

- شاید هم شغل سوم خودش.

- شغل سوم خودش؟ مگر او بجز اداره "کارشکنی"، در جای دیگری هم شاغل است؟

- نه بابا. منظورم این بود که شغل دوم دوستانی که لابد به نشانه صمیمیت به هم نارو می‌زنند، به واقع نارو زدن است. البته اگر نخواهیم این کار را شغل اول‌شان بدانیم.

- عجب . . . می‌دانی . . . من برای این‌که اعصابم از دست یک‌چنین آدم‌هایی خرد و خمیر نشود، فرض می‌کنم که آن‌ها گرگ هستند.

- گرگ؟

- آره، گرگ.

- آخر برای چی گرگ؟

- برای چی ندارد. چون اگر تو فرض کنی که دوست نازنینت "مهران"، یک گرگ است نه یک انسان، مطمئن باش دیگر این قبیل کارهای او برایت چندان ناموجه جلوه نمی‌کند.

- ولی این نظریه نمی‌تواند چندان درست باشد، چون اگر او گرگ بود که من مغز خر نخورده بودم با او دوست بشوم.

- درست است، ولی این را هم در نظر داشته باش که اگر او واقعاً یک گرگ بود، تا حالا حتماً درسته خورده بودت. خوب، حالا با این وصف، کدام‌یک بهتر است، از دست دادن شغلت، یا این‌که ممکن بود تا حالا توسط او درسته خورده شده باشی؟ فکر نمی‌کنی همین که تا حالا هم توسط دوستت خورده نشدی، باید کلی از او ممنون باشی؟

- راستش نمی‌دانم چی بگویم. به نظر می‌آید که پر بی‌راه نمی‌گویی . . . راستی تو چه‌کار کردی؟ آخر تو هم انگار دنبال شغل دوم بودی.

"مهرداد" در حالی که مجدداً کار بر روی شعر بی سر و تهی را که متعلق به یکی از دوستان سردبیر نشریه بود (و به همین سبب او ماموریت داشت تا هر طور که شده آن را قابل چاپ کند) آغاز کرده بود، گفت: آره. یکی از اقوام‌مان مرا به نشریه "تا چشمانت سو دارد جدول حل کن" معرفی کرده و قرار است به عنوان طراح جدول در آنجا استخدام بشوم.

- نشریه "تا چشمانت سو دارد جدول حل کن"؟ اسمش را شنیده‌ام. فکر می‌کنم دفتر کار آن زیاد از این‌جا دور نباشد. خوب حالا چقدر حقوق می‌دهند؟

- خودشان گفته‌اند برای طرح هر جدول ۸۰۰ تومان می‌دهند، ولی من تقاضای ۱۰۰۰ تومان کرده‌ام. حالا قرار است پس‌فردا برای بستن قرارداد به آن‌جا بروم. دنیا را چه دیدی، شاید بتوانم به ۱۰۰۰ تومان راضی‌شان کنم.

"فرامرز" که با شنیدن این جملات، با عجله بلند شد تا خودش را برای رفتن آماده کند، با لحن طنزآمیزی گفت: البته اگر یک یوزپلنگ خودش را زودتر از تو به آن‌ها نرساند و با آن‌ها قرارداد نبندد.

- یک یوزپلنگ؟

- آره، یک یوزپلنگ. مگر خودت چند لحظه قبل نگفتی انسان‌هایی را که در عالم دوستی، و لابد به منظور ایجاد مودت هرچه بیشتر به هم نارو می‌زنند، به واقع نمی‌شود انسان خطاب کرد؟

- آه، پاک یادم رفته بود. چه بگویم . . . به هر حال امیدوارم چنین اتفاقی برای هیچ‌کس نیفتد.

- امیدوار باش . . . امیدوار . . . خوب، من دیگر دارم می‌روم. تو نمی‌آیی؟

- نه، من باید یک کارتابل پر از مطلب را ویرایش کنم، تازه این شعر لعنتی هم مانده روی دستم. آخرش هم نفهمیدم چهارپاره است یا پنج‌پاره.

- بالاخره می‌فهمی، اما حالا چه عجله‌ای است، تا صبح زمان زیادی باقی‌مانده . . . خوب، من دیگر رفتم، خداحافظ.

- خداحافظ.

❀ ❀ ❀ ❀ ❀

پس‌فردا عصر، وقتی "مهرداد" برای بستن قرارداد به دفتر نشریه "تا چشمانت سو دارد جدول حل کن" رفت، متوجه شد که فرد دیگری دو روز قبل به آنجا رفته و در ازای مبلغی کمتر از مبلغ پیشنهادی وی، با نشریه مزبور قرارداد بسته است. صدالبته و درست مانند شما، "مهرداد" هرگز حدس نزد که گرگی و شاید یوزپلنگی (و بلکه انسانی) که با شکاندن قیمت حق‌الزحمه درخواستی او، با نشریه مزبور قرارداد بسته بود، ممکن است دوست و همکار صمیمی‌اش "فرامرز" باشد.

علاقه به نوشتن به سبک قدیم نیز در بسیاری از ما، از جمله بنده وجود دارد. یک نمونه از آن در ذیل ارائه می‌شود:

طنز

(حکایتی از ملستان)

حکایت آن اعرابی که خانه‌اش را به یغما داده بود[1]

مار کبری را گفتند: از خود بی‌دست و پا تر هرگز در جهان دیده‌ای یا شنیده‌ای؟

---

[1] روزنامه اطلاعات- ۱ اردیبهشت ۱۳۷۵

گفت: بله. روزی نوار غزه را طی کردمی به پای نداشته. اعرابی دیدم شادمان که دستاری چهارخانه بر سر گذاشته، و بر پیشانی‌اش آن چیز نوشته.
گفتمش: همانی نباشی که شهر و خانه‌ات را لامسلمانی به یغما برده؟
گفت: بله.
گفتمش: پس شادی‌ات از بهر چه؟
گفت: از این‌که گرچه شهر و خانه‌ام به یغما رفته، اما دستار چهارخانه‌ام نه.
همانا او را از خود بی‌دست و پا تر یافتم.

در روزنامه "اطلاعات" نیز برای بیان مقصود خود، از ژانرهای مختلفی مدد می‌گرفتم. از جمله کاریکلماتور:

طنز

کاریکلماتور[۱,۲]

آیا این واقعاً عجیب نیست که برخی از انسان‌ها، خیلی بیش از آن مقدار که با دیگران مشکل دارند، با خودشان مشکل دارند؟
سکوت آدم‌پرگو، شنیدنی است.
ترنم‌های سازی که در دستگاه محبت کوک شده باشد، عاشقانه است.
رعد و برق از برخورد ابرهای چخماق به یکدیگر حاصل می‌شود.
کوچه خیال، بن بست است.
چشمان آدم گرسنه بوی ضعف می‌دهد.
برای سریع‌تر رسیدن به ساحل دیدار، دریای فراق را به‌جای زورق انتظار، با بال‌خیال طی کردم.

---

[۱] برخی از دیگر مطالب این ژانر در صفحات ۴۵ تا ۴۷ و ۱۵۳، به ترتیب تحت عناوین "همگام با شاپور" و "کاریکلماتور" ارائه شده‌اند.
[۲] روزنامه اطلاعات- ۲۲ خرداد ۱۳۷۵

بلی ژانرهای مختلف برای بیان مقاصد مختلف:

طنز

واژه‌نامه دانشگاهی[1]

آش‌خور: به دانشجویان ترم اول گفته می‌شود.

تبصره: در برخی از دانشگاه‌ها این عنوان تا پایان سال اول (پایان ترم دوم) نیز به دانشجویان ورودی جدید اطلاق می‌گردد.

مدرک: قاتق‌نان. چیزی است مثل درجه، که عموماً هرچه میزان آن بالاتر باشد، درآمدتان بالاتر خواهد بود. حتی اگر مثلاً شما دکتری زمین‌شناسی یا تاریخ داشته و در یک کارخانه اتوموبیل‌سازی مشغول به‌کار باشید، حقوق‌تان از یک فوق‌لیسانسیه مهندسی مکانیک شاغل در آن کارخانه بیشتر خواهد بود.

مدرک‌نما: شخصی است که برای به رخ کشیدن مدرکش به دیگران، به هر طریق ممکن، مدرک ابتیاع می‌کند. حال چه این مدرک با پرداخت هزینه به مراکز انتفاعی تهیه شود و چه با پرداخت وجه به مراکز دیگر.

اف . . .: تعداد واحدهای اف (مردودشده) یک دانشجو را نشان می‌دهد. مثلاً "اف ۱۴" یعنی دانشجویی که از بدو ورودش به دانشگاه تا آن زمان، ۱۴ واحد درسی‌اش را افتاده است.

قانون مشروطی (با قانون مشروطه اشتباه نشود): قانونی است که می‌گوید، دانشجویانی که معدل‌شان بیش از یک تعداد ترم معین، از حدی کمتر شود، زودتر از موعد فارغ‌التحصیل می‌شوند. البته با این توضیح که، مدرکی که به آن‌ها داده می‌شود، برگه اخراجی (مثلاً لیسانس ردی) است، نه مدرک تحصیلی.

بلی نوبت خداحافظی با روزنامه اطلاعات هم فرارسید. از آبان ۱۳۷۴ تا مرداد ۱۳۷۵، محدوده زمانی همکاری من با آن نشریه گرانقدر بود.

---

[1] روزنامه اطلاعات- ۱۹ تیر ۱۳۷۵

۶-۱ همکاری با ایران

شاید نشود نام این بخش را همکاری گذاشت، ولی چون خواستم تیتر بخشها به هم شباهت داشته باشند، این کار را انجام دادم. در همان ایام مصاحبه‌ای هم با روزنامه "ایران" انجام دادم که بخش دوم داستان "از دفترچه خاطرات یک دیوانه سابق" را به آنجا تقدیم کردم که در ذیل مشاهده می‌کنید. البته به همراه مطلب مزبور، نیمچه‌مصاحبه‌ای نه‌چندان دلچسب (حداقل از دید هر کسی که مرا می‌شناخت و آن را خوانده بود) را نیز که توسط آقای "داور رستمی‌وند" با بنده صورت گرفته است، می‌توانید مطالعه نمایید:

یادداشت‌های یک دیوانه سابق[1] (اپیزود دوم)

رسیده و نرسیده به دفتر روزنامه شروع کرد:

از آبان ۶۵ همکاری با دنیای ورزش، فکاهیون، خورجین، گل‌آقا و روزنامه اطلاعات را شروع کرده‌ام. استادانم آقایان "پورثانی"، "کاظمی"، "صابری" و "فرجیان" بوده‌اند و از کارهای اخیرم . . . . راستش دیدم خیلی دارد تند می‌رود. گفتم: ببخشید شما با این سابقه طولانی اصلاً چند سال‌تان است؟ که تازه یادش افتاد باید خودش را معرفی بکند:

"فرامرز آشنای قاسمی" هستم، بیست و هشت سالم است، لابد اسم‌های مستعارم را دیده‌اید. مثل مش‌قاسم، فندق‌شکن، سفیدبرفی، ببرکاغذی، تک‌فرزند، ابوالمجانین، همه اسم من است.

گفتم: همه این‌ها خودتان‌اید؟ گفت: مگر عیبی دارد؟ شاید از روی ملاحظه بود که گفتم: نه چندان که گرفت یا نگرفت، گذشت. رشته تحصیلی‌اش را هم تا گفت: طراحی جامدات، بنده فکر کردم که ایشان جامداد طراحی می‌کنند، ولی ایشان توضیح داد که اگر جامداد هم می‌توانست طراحی کند خوب بود. و ادامه دادند که دارند فوق‌لیسانس مهندسی مکانیک ساخت و تولید را تمام می‌کنند که البته تا به حال نه ساختی داشته‌اند، نه تولیدی. فقط علاوه بر ترجمه داستان‌های طنز "آرت بوخوالد"، کتاب‌های فنی هم از شر قلم‌شان در امان نبوده‌اند و چند کتاب قطور هم گذاشت روی میز که: این هم ترجمه‌هایم. من هم فوراً گفتم بردارد ببرد

[1] نشریه روزنامه ایران- ۱ مرداد ۱۳۷۵ – سال ۲- شماره ۴۲۵

که به کارمان نمی‌آید. سپس چند برگ از یادداشت‌های یک مجموعه مفصل با عنوان "یادداشت‌های یک دیوانه سابق" را داد به من که بی‌اختیار گفتم: خدا را شکر که همین چند مورد را توانسته بیاورد، اگر همه را می‌آورد چه می‌شد؟ که تا ما مشغول سبک- سنگین کردن یادداشت‌های ایشان بودیم، یک وقت دیدیم نیست. حالا ایشان هرجا این چند سطر را می‌خوانند، بدانند که رنجش‌شان از ما بی‌مورد بوده، و البته این چند خط را هم اگر از افاضات ایشان چاپ می‌کنیم، برای این است که یک وقت دلش نشکند، جوان است دیگر:

از دفترچه خاطرات یک دیوانه سابق در آسایشگاه "عصر جدید" (اپیزود دوم)[1]

۳ شنبه:

باز هم "ون گوک" هنگام اصلاح کردن گوشش را برید. انگار عاشق است. بچه‌ها می‌گویند حواس‌پرتی "ون گوک" به‌خاطر دزدی ماه قبل است. ولی من فکر نمی‌کنم که این‌طور باشد، چون او قبلاً هم یک گوشش را درسته بریده بود. البته بعید نیست که این دفعه، دزدی ماه قبل هم مزید بر علت شده باشد. چون "ونسان"، گلدان "گل‌آفتاب‌گردان" دزدیده شده‌اش را، که من الان پاهایم را رویش گذاشته‌ام، خیلی دوست می‌داشت.

۴۷ شنبه:

قرار است ماه بعد چند تا آدم‌آهنی را که مدارهای‌شان ایراد پیدا کرده به این‌جا بیاورند. "چارلی چاپلین" خیلی ناراحت است و می‌گوید: ما باید با این کار مخالفت کنیم چون ممکن است آن‌ها کم‌کم جای ما را بگیرند و آن‌وقت همه ما را از "عصر جدید" بیرون کنند.
نمی‌دانم حق با "چارلی" است یا نه، ولی بهتر است با یکی‌شان دوست بشوم تا شاید او حاضر بشود سهمیه غذایش را به من بدهد. آره، باید این کار را بکنم.

[1] قسمت اول این مجموعه در صفحه ۴۸ و قسمت پایانی آن در صفحه ۱۲۳ ارائه شده است.

۱۲۳ شنبه:

دیروز وقتی کنار نرده‌ها نشسته بودیم، چند مرد جوان کنار نرده‌ها آمدند و شروع به ادا درآوردن برای ما کردند. فکر می‌کنم دیوانه بودند. چون این کارها از آدم‌های عاقل بعید است. ولی مساله عجیب این بود که همه آن‌ها کیف و کتاب به همراه داشتند. اتفاقاً شخصی که از آن‌جا رد می‌شد، به آن‌ها گفت: این کارها از شما بعید است. خوب نیست. یک وقت آن‌ها (ما را می‌گفت) ناراحت می‌شوند. ولی ما که اصلاً ناراحت نشدیم. چون آن‌ها که تقصیری نداشتند، خوب بنده‌خداها دیوانه بودند دیگر.

۲۰۰۰ شنبه:

هفته آینده مسابقه سگ‌دوانی داریم. اکثر بچه‌ها روی "سپید دندان" شرط بسته‌اند. "جک لندن" (صاحب "سپید دندان") می‌گوید: "سپید دندان" تازه حالش خوب شده و به همین خاطر نباید در این مسابقه شرکت داده می‌شد. ولی چه کند که برای خرید انگشتر طلای درخواستی همسرش، به جایزه این مسابقه خیلی نیاز دارد. از طرفی " تن‌تن"، برخلاف "جک" خیلی از برد سگش مطمئن است و می‌گوید: "میلو" در شرایط آرمانی خودش قرار دارد و حتماً پیروز از میدان خارج می شود.

من معنای شرایط آرمانی را نمی‌دانم، ولی با این همه فکر می‌کنم که روی "میلو" شرط ببندم. آره، همین کار را می‌کنم.

۹۸۷۶۵۴۳۲۱ شنبه:

دیروز یک تابلوی جدید کشیدم. یک شاهکار واقعی. تابلو نمایشگر موشی است که در زیر نور ماه، دارد با ولع تمام به تکه پنیر بزرگی که داخل یک تله‌موش قرار دارد، نگاه می‌کند. "رافائل" می‌گوید: "لئوناردو"، اسم این تابلو را "شام آخر" بگذار. چون این احتمالاً آخرین شامی است که این موش بیچاره می‌خورد. ولی دلیل "رافائل" اصلاً قانع کننده نیست. چون اگر آقا موشه پنیر داخل تله‌موش را نخورد، آن‌وقت اسم شاهکار من زیر سئوال می‌رود.

خیلی‌شنبه:

دیشب یکی از چادرهای سرخ‌پوستان قبیله "آپاچی" آتش گرفت. "مالکوم ایکس" می‌گوید: کار، کار "کریستف کلمب" است. ولی به حرف ایکس زیاد نمی‌شود اعتماد کرد. چون "کلمب" تا به حال چندین بار او را سیاه کرده است. در هر حال چه این آتش‌سوزی کار "کلمب" باشد و چه کار هر آدم قسی‌القلب دیگری، آتش‌بازی قشنگی بود. ای کاش نفت بیشتری داشتم. چون آن‌وقت می‌توانستم بقیه آسایشگاه را هم آتش بزنم.

۷-۱ همکاری با طنز پارسی

پس از خروج از "گل‌آقا"، من به همراه تنی چند از دوستانم به نشریه "طنز پارسی" رفتم. اما چون شرایط کار در آنجا آن‌گونه نبود که من تمایل داشتم، تنها پس از مدت کوتاه دو- سه ماه از آنجا نیز رفتم. اثر زیر یکی از آثار چاپ شده‌ام در نشریه طنز پارسی است:

(با اجازه خواجه عبدا... انصاری)

افسانه علم و ثروت[1]

به نقل از کتاب "بنزالسالکین" اثر خامه ابوالمجانین مولانا غریب‌الآشنای برفی قندهاری اصل تهرانی

. . . درآمدم در این بلد،

که شبیه است به خلد،

دیدم که خلق در عمارت، و دو شخص در طلب امارت.

یکی علم انکارپیشه،

دوم ثروت عیارپیشه.

نگاه کردم تا که را تخت،

و کدام را یاری دهد بخت.

علم گفت: من سبب کمالاتم.

ثروت گفت: ولی من، نه چون تو در بند خیالاتم.

علم گفت: من مصر جامع معمورم.

ثروت گفت: اگر پول‌دستی می‌خواهی، بنده معذورم.

علم گفت: من بنشانم شعله غنا را.

ثروت گفت: کیست جز من، که بگیرد آن دست‌های مانده در حنا را؟

---

[1] نشریه هفته‌نامه طنزپارسی- ۹ آبان ۱۳۷۵- سال ۱- شماره ۲۹

علم گفت: من بوسم بوستان سلامت را.

ثروت گفت: امثال من هم برج‌های سعادت را.

علم گفت: من سکندرآگاهم.

ثروت گفت: زیاد از این خالی‌ها بسته‌ای دم درگاهم.

علم گفت: من صراف نقره خصالم.

ثروت گفت: و من دلال دلار هجده‌عیارم.

علم گفت: من در شهر وجود، مهترم.

ثروت گفت: من هم شهریار هرچه مهتر و کهترم.

علم گفت: من دبیر مکتب تعلیمم.

ثروت گفت: دبیران هماره بیایند به تکریمم.

علم گفت: من آینه مشورت بر بالغم.

ثروت گفت: تا تو در خدمتم هستی، از این رنج نیز فارغم.

علم گفت: مرا لطایف غرایب یاد است.

ثروت گفت: جز ذکر من، هرچه گویی نقش بر آب است.

علم گفت: من رقیب انسانم، نقیب احسانم، بسته تکالیفم، شایسته تشریفاتم، گشاینده در فهمم، زداینده زنگ وهمم، گلزار خردمندانم، مستغرق هنرمندانم.

ای ثروت. ترا کی رسد که دهان باز کنی، و زبان به طمع دراز کنی؟

تو کیستی؟ خرمن سوخته‌ای.

و من . . .

ثروت گفت: بشین بابا حال داری. مرد ناحسابی. زیادی بهت رو دادم طلبکارم شدی؟ الکی نمی‌گویند به مرده که زیادی رو بدهی کفنش را گلاب‌پاشی می‌کندها. آن‌وقت ما گوش نکردیم. دفعه دیگه از این غلطهای زیادی کردی، نکردی‌ها. . . .در ضمن، یا سر برج طلب‌هایت را دو دستی می‌آوری و تقدیم حاجی‌ات می‌کنی، یا می‌فرستمت یک جایی که تا عمر داری آب خنک بخوری و از این خزعبلات سرهم کنی. شیرفهم شد؟

*****

و چون علم سنبه رقیب را بس پرزور یافت، دم مبارکش را روی کول منزه‌اش گذاشت سلانه سلانه رفت آنجا که عرب نی انداخت (و چه بسا هنوز هم دارد می‌رود).

۱-۸ همکاری با روز هفتم

بعد از "طنز پارسی" نوبت به هفته‌نامه "روز هفتم"، از جمله نشریات وابسته به روزنامه "همشهری" رسید. اما آن‌جا نیز آفتاب همکاری من کوتاه بود. مجددا تنها دو- سه ماه. به برخی از مطالب چاپ شده در آن نشریه توجهی بنمایید:

پیشنهاد به فرهنگستان

مدتی است که فرهنگستان زبان و ادب پارسی، در مورد برابریابی شماری از واژه‌های بیگانه، از صاحب‌نظران و علاقه‌مندان نظرخواهی می‌کند. به همین سبب بر آن شدیم که برخی از واژه‌های پیشنهادی آن نهاد محترم را مورد نقد و بررسی هرچه بیشتر قرار دهیم، بلکه در این رهگذر ما نیز بتوانیم با یافتن معادل‌های مناسبی برای شماری از واژه‌های بیگانه رایج در زبان فارسی، گامی هر چند ناچیز در جهت اعتلای هر چه بیشتر زبان مادری‌مان برداریم. صدالبته، تا چه قبول آید و چه در نظر افتد.

تئاتر Theatre

فرهنگستان برای این واژه، معادل "نمایش" را به معنی کاری که در صحنه نمایش انجام می‌شود، و واژه "نمایش سرا" را به معنی محلی که در آن نمایش اجرا می‌شود پیشنهاد کرده است و در توضیح آمده است: دلیل این‌که "تماشاخانه" برای محل نمایش پیشنهاد نشده، این است که این واژه اندکی رنگ قدمت و کهنگی دارد. ما ضمن تأیید این نظر کارشناسانه فرهنگستان، از آن نهاد محترم خواستاریم که به منظور زدودن هرچه بیشتر رنگ قدمت و کهنگی از زبان شیرین فارسی، فکری هم برای یافتن معادل‌های مناسب و جدید برای واژه‌های قدیمی و کهنه‌ای همچون روز، شب، خانه، کاشانه، بهار، خزان، گل، زندگی، مرد، زن و . . . نیز بنمایند تا بدین‌وسیله گام بزرگتری در جهت مدرنیزه کردن هرچه بیشتر زبان شیرین فارسی‌مان برداشته شود.

پارک Park

فرهنگستان برای این واژه، معادل "باغ" را پیشنهاد کرده است. در قسمت توضیح مربوط به علت انتخاب معادل یاد شده نیز، دقیقاً توضیحی مشابه (اما دقیقاً معکوس) با توضیحی که به

منظور عدم انتخاب واژه "تماشاخانه" و به‌کار بردن واژه "نمایش‌سرا" بود، بیان شده است. به این صورت که از قدیم واژه "باغ" در شهرها به‌جای "پارک" به‌کار می‌رفته است، مانند: باغ ملی، باغ ارم، باغ فیض و باغ نادری.

٭ با توجه به تضاد موجود در نحوه انتخاب واژه‌های قدیمی فوق، انتخاب این نوع معادل‌یابی را که مسلماً نشانه چیزی نیست مگر داشتن اصول و ضوابط یکدست و ثابت، که لازمه انجام چنین امور خطیری می‌باشد، به کلیه کارشناسان فهیم و دانشمند آن نهاد محترم و دوست‌داران زبان و ادب فارسی، واژه‌ای از نظر وزنی (و نه از نظر معنایی) معادل "تبریک" عرض می‌نماییم.[1]

کوپن Coupon

فرهنگستان برای این واژه، معادل "جیره‌برگ" را پیشنهاد کرده است. حقیر با دیدن واژه "جیره‌برگ"، خواستم واژه "جیرانه" را بر وزن "یارانه"، که مدتی است به عنوان معادل واژه "سوبسید" به‌کار می‌رود، به عنوان معادل واژه "کوپن" پیشنهاد نمایم، ولی چون به احتمال زیاد "کوپن" نیز درست مثل "سوبسید" تا اندکی دیرتر نسلش ورخواهد افتاد، از خیر این کار گذشتم.[2]

ژانر دیگری که با آن در نشریه "روزهفتم" به "ذوق‌آزمایی" پرداختم، ساختار "قوانین مورفی" بود که در بخش دوم این کتاب بیشتر درباره آن صحبت خواهم کرد. اما فعلاً همین‌ها را مطالعه بفرمایید:

آیا تا به حال دقت کرده‌اید که . . . [3،4]

. . . راننده خودروهایی که در ردیف اول صف خودروهای پشت چراغ قرمز ایستاده‌اند، همیشه آخرین کسانی هستند که متوجه می‌شوند چراغ سبز شده است.

[1] نشریه هفته‌نامه روزهفتم- ۲۱ دی ۱۳۷۵- سال ۳- شماره ۱۰۲
[2] نشریه هفته‌نامه روزهفتم- ۲۴ اسفند ۱۳۷۵- سال ۳- شماره ۱۱۱
[3] نشریه هفته‌نامه روزهفتم- ۵ بهمن ۱۳۷۵- سال ۳- شماره ۱۰۴
[4] برخی از دیگر مطالب این ژانر در صفحات ۱۱۱ تا ۱۱۷ ارائه شده‌اند.

. . . گیشه‌های پرداخت پول در فروشگاه‌ها، همیشه زمانی به شلوغ‌ترین میزان خود می‌رسند که شما می‌خواهید برای پرداخت پول به آن‌جا بروید.

. . . قیمت مسکن، همیشه وقتی شروع به ترقی می‌کند، که شما تصمیم به خرید مسکن گرفته‌اید.

. . . بهای لوازم منزل، همیشه وقتی در سیر نزولی قرار می‌گیرند که شما به سبب دچار شدن به برخی مشکلات، مجبور گشته‌اید که به بخشی از اسباب و اثاثیه منزل‌تان چوب حراج بزنید.

. . . افرادی که مسئولیت‌های کلیدی و غیرقابل جانشین دارند، همیشه هنگامی به مرخصی می‌روند که شما محتاج یک امضای آن‌ها هستید.

. . . ماشین شما، همیشه زمانی به خرج‌های آن‌چنانی می‌افتد که شما در بدترین وضعیت ممکنه مالی قرار گرفته‌اید.

. . . حقوق شما، همیشه وقتی دیرتر از موعد مقرر پرداخت می‌شود که شما دچار یک سری مخارج سنگین و غیرقابل پیش‌بینی شده‌اید.

. . . محتوای یخچال و فریزرتان، همیشه موقعی به انتها می‌رسد که تعداد زیادی مهمان ناخوانده سرزده زنگ منزل‌تان را به صدا در می‌آورند.

۱-۹ همکاری با خبر جنوب

آنگاه نوبت به همکاری به یک روزنامه رسید. روزنامه "خبر جنوب" روزنامه‌ای بود که با معرفی دوست عزیزم، زنده‌یاد استاد "محمد پورثانی"، از نخستین شماره‌ای که قرار شده بود در سطح کشور توزیع شود (این نشریه پیشتر تنها در استان فارس توزیع می‌شد)، در ستونی تحت عنوان "هزارپیشه"، که این نام را دوست نازنین دیگرم، زنده‌یاد استاد "منوچهر احترامی" به من پیشنهاد داد، با نام و نام فامیل خودم شروع به نوشتن کردم. اقدامی که در طول تاریخ مطبوعات‌مان کم سابقه بود. چون تا آن ایام، گویا بجز در مقطع کوتاهی در اواخر سال‌های دهه پنجاه شمسی، این اصلا درست نبود که یک طنزپرداز با نام و نام خانوادگی‌اش در یک روزنامه به طنز قلم‌فرسایی کند. به هر حال برخی از آثار چاپ شده در آن ایام را که دو داستان کوتاه نیز در آن به چشم می‌خورد می‌توانید در زیر مشاهده نمایید:

هزارپیشه

پیشنهاد به سازمان ملل[1]

برای این‌که اگر زبانم لال، روزی آیندگان مطالب این ستون را خواندند، نگویند که: "این بابا عجب آدم بی‌بته‌ای بوده‌ها. با این‌که هم آزادی بیان داشته، هم قدرت قلم، هم یک ستون طنز، هم یک دستیار مثل آقا "همت"، . . . ولی محض نمونه، نکرده و یک پیشنهاد درست و حسابی در ستونش ارائه بدهد." بله، برای آین‌که آیندگان پشت سر حقیر، و شاید هم جلوی روی حقیر یک چنین صفحاتی نگذارند، هم اکنون یک پیشنهاد ناب به سازمان ملل و دبیرکل جدید آن، جناب "کوفی عنان"، که برای اثبات آن‌که نوکر آمریکا نیست، حاضر است روزی ۱۰۰ بار کفش‌های ریاست جمهوری آمریکا را برق بیندازد، تقدیم می‌کنم تا آیندگان، اگر روزگاری مطالب مرا خواندند، نتوانند آن مطلبی را که بنده در فوق از زبان آن‌ها نقل کردم، نقل کنند. ملاحظه فرمایید:

جناب دبیرکل سازمان ملل متحد

[1] روزنامه خبر جنوب- ۲۱ اسفند ۱۳۷۵- سال ۱۸- شماره ۴۴۷۳

با توجه به این‌که امروزه مردم جهان هرچیزی ممکن است داشته باشند الا اتحاد با هم، نیز چون سنگ‌بنای سازمان ملل را کشورهای موسوم به متفقین در جنگ جهانی دوم (یعنی آمریکا و اعوان و انصارش) کار گذاشته‌اند، نه دول موسوم به متحدین (یعنی آلمان، ایتالیا و ژاپن)، پیشنهاد می‌کنم که نام آن نهاد گرامی، از "سازمان ملل متحد" به "سازمان ملل متفق" تغییر یابد.

صد البته اگر واژه "متحد" موجود در عبارت "سازمان ملل متحد" از نام کشور "ایلات متحده آمریکا" به امانت گرفته شده است (که احتمالاً هم همین‌طور هست) که هیچ. زیرا بنده به هیچ عنوان مایل نیستم که شما نیز به سرنوشتی دچار شوید که جناب دبیرکل فقید سازمان ملل، یعنی جناب زنده‌یاد "اولاف پالمه" به آن دچار گردید.

هزارپیشه

تریلوژی آقا "همت"[1]

پس‌پریروز:

- د د آقا "همت". سرت را چرا بستی؟

- هیچی قربان، داشتم از زیر یک برج در حال ساخت رد می‌شدم که یک تکه آجر افتاد روی سرم.

- مگر تو پیاده‌رو محافظ نگذاشته بودند که مصالح ساختمانی روی سر مردم نیفتد؟

- حرف‌هایی می‌زنیدها قربان. اگر محافظ گذاشته بودند که سر و کله بنده درب و داغان نمی‌شد.

- پس حقت است. می‌خواستی بی‌مبالاتی نکنی و وقتی دیدی که زیر یک برج در حال ساخت حفاظ نگذاشته‌اند، از زیرش رد نشوی.

❋❋❋❋❋

---

[1] روزنامه خبر جنوب- ۱ اردیبهشت ۱۳۷۶- سال ۱- شماره ۵۲

پریروز:

- د د آقا "همت". پایت را چرا بستی؟

- هیچی قربان، داشتم از این طرف خیابان می‌رفتم آن طرف خیابان، پایم لای نرده‌های جوی آب گیر کرد.

- مگر نرده‌های جوی آبی که از آن رد می‌شدی، فاصله‌شان استاندارد نبود تا پای مردم لای آن گیر نکند؟

- حرف‌هایی می‌زنیدها قربان. اگر استاندارد بود که پای بنده خرد و خاکشیر نمی‌شد.

- پس حقت است. می‌خواستی بی‌مبالاتی نکنی و وقتی دیدی که نرده‌های روی جوی آب فاصله‌شان استاندارد نیست، از روی شان نگذری.

*****

دیروز:

- د د آقا "همت". دستت را چرا بستی؟

- هیچی قربان، دیشب داشتم تو پیاده‌رو راه می‌رفتم که ناگهان افتادم توی یکی از این چاله‌ها که معلوم نیست کدام شرکتی کنده، ولی بعداً پرش نکرده بود.

- مگر هیچ علامتی کنار چاله نگذاشته بودند، تا مردم توی آن نیفتند.

- حرف‌هایی می‌زنیدها قربان. اگر علامت گذاشته بودند که دست بنده آش و لاش نمی‌شد.

- پس حقت است. می‌خواستی بی‌مبالاتی نکنی و وقتی دیدی که کنار یک چاله علامت نگذاشته‌اند، از کنارش عبور نکنی.

*****

البته در این‌که آدم بی‌مبالاتی مثل آقا "همت" حقش است که یک روز سرش بشکند، یک روز پایش و یک روز دستش (انشا ا . . . یک روز دهانش هم بشکند) بحثی نیست. ولی خواهش بنده از مسئولان ذیربط این است که، بهتر است با افراد بی‌مبالاتی همچون آقا "همت"، یک

برخورد قاطعی کنند، اجازه ندهند که ثروت ملی کشور، صرف هزینه دوا و درمان افرادی شود که به سبب بی‌مبالاتی‌های خود، حتی قادر نیستند یک نصف‌روز اعضا و جوارح خویش را، تازه در شهری که همه و همه چیزش به‌جا و به‌قاعده می‌باشد، صحیح و سالم نگهدارند.

و حال نوبت نخستین داستان کوتاه چاپ شده در "خبر جنوب" است. خدمت شما تقدیم می‌شود:

داستان طنز

از دردسرهای یک استاد جوان دانشگاه[1,2]

تا همین چند سال پیش، هرگاه عبارت "استاد دانشگاه" بر زبان‌ها جاری می‌شد، ناخودآگاه چهره یک انسان سپیدموی (که تازه بخش اعظم موهایش را هم در اثر مطالعه از دست داده) و گوژپشت، که یک عینک ته‌استکانی بر چشم دارد و به سختی راه می‌رود، در ذهن آدم متجلی می‌شد. در حالی که امروز روز، و به سبب افزایش سطح زیرکشت موسسات آموزش عالی کشور و در پی آن نیاز شدید به استاد برای مراکز تازه تأسیس یادشده، در بسیاری موارد، اگر سن اساتید دانشگاه‌ها از سن دانشجویان آن نهادهای علمی تازه تأسیس شده کمتر نباشد (که عموماً هست)، بیشتر هم نیست. و همین امر دردسرهایی را برای اساتید فوق‌الذکر، که حقیر نیز یکی از آن بخت‌برگشتگان هستم، به‌وجود می‌آورد که دانستن‌شان اغلب خالی از لطف نیست.

شاید باورتان نشود، ولی ماجرا از همان لحظه ورودم به موسسه آموزش عالی انتفاعی‌ای (با غیرانتفاعی اشتباه نشود) که قرار بود در آن‌جا به تدریس بپردازم آغاز شد. وقتی خواستم با خودروی شخصی‌ام (البته اگر اسم ابوقراضه‌ام را بتوان خودرو گذاشت) وارد محوطه پارک خودروهای اساتید بشوم، دربان محترم دانشگاه به نحو بسیار مؤدبانه‌ای سرم فریاد زد که: "مردیکه. مگر نمی‌بینی روی تابلوی دم در نوشته که فقط اساتید دانشگاه می‌توانند ماشین‌شان

---

[1] برخی از دیگر مطالب این ژانر در صفحات ۵۹، ۹۲، ۱۶۹ و ۱۷۵ ارائه شده‌اند.

[2] روزنامه خبر جنوب- ۲۸ اسفند ۱۳۷۵- سال ۱۸- شماره ۴۴۷۹

را توی محوطه دانشگاه پارک کنند؟" البته جای شکرش باقی است که اولاً وقتی بنده از ماشینم پیاده شدم و مساله را برای ایشان تشریح کردم، ایشان ضمن انجام تعظیم‌های پیاپی، در را برای من باز کرد، و ثانیاً بنده قوای سامعه‌ام خیلی ضعیف است و به همین خاطر هنگامی که داشتم با خودروام از کنار وی عبور می‌کردم، تنها این قسمت از سخنان او را شنیدم که داشت به دوستش می‌گفت: ". . . تو را خدا می‌بینی؟ یارو هنوز دهانش بوی شیر می‌دهد، آن وقت کردنش استاد دانشگاه. راستی که . . ."
مسلماً مساله تنها به نحوه برخورد بسیار مناسب دربان دانشگاه خاتمه نیافت. موقعی که وارد اتاق اساتید شدم، فرد با شخصیتی که گویا مسئولیت امر خطیر حضور و غیاب اساتید[1] را بر عهده داشت، به محض ورود من، بسیار محترمانه سرم داد زد که: "آقا شما مگر سواد نداری که اعلان دم در را بخوانی؟ دانشجویان حق ورود به اتاق اساتید را ندارند." البته مجدداً جای شکرش باقی است که ایشان نیز درست مثل دربان محترم دانشگاه، پس از آن‌که متوجه اشتباه خود شد، اجازه ورود بنده را به اتاق اساتید داد، و ثانیاً ضعف شنوایی بنده این بار اجازه شنیدن حتی یک کلمه از صحبتی را که وی با همکار کنار دستیش نمود نداد. (اصلاً فکر نکنید که داد و بنده صلاح دیدم آن را نشنیده بگیرم.)
ای کاش موضوع به رفتار کارکنان محترم و با شخصیت دانشگاه ختم به خیر می‌شد. امان از اشتباهات لپی دانشجوها. به عنوان مثال یک بار که از کلاس خارج می‌شدم، دانشجویی که فکر کرده بود من دانشجو هستم، آستینم را کشید و گفت: "کلاس استاد فلانی است؟" که پاسخ دادم: "نخیر." ولی او این مرتبه خیلی محکم‌تر آستینم را کشید و گفت: "پس کلاس کی است؟" که مطابق معمول، باز هم جای کلی خوشوقتی گردید که بعد از این‌که بنده گفتم:

---

[1] در بعضی از دانشگاه‌ها و موسسات آموزش عالی کشور، از عده‌ای که حداکثر سواد خواندن و نوشتن دارند (بگذریم از این‌که در برخی از موارد، حتی تا همین حد هم سواد ندارند.)، برای حضور و غیاب اساتید دانشگاه استفاده می‌شود. وظیفه این افراد، آن است که، حدودا هر ۳۰ تا ۴۵ دقیقه ۱ بار در کلاس‌ها را باز کرده، نگاهی درون آن‌ها انداخته، ببینند که اساتید سر کلاس درس‌شان حاضر هستند، یا زبانم لال حب جیم را میل نموده‌اند. قطعاً اگر بازرسان یاد شده، در حین انجام وظیفه بسیار حساس خود مرتکب اشتباهی شوند، اصلاً اهمیتی ندارد. زیرا اولاً بشر جایزالخطاست، و ثانیاً این استاد مربوطه است که به ازای هر یک ساعت غیبت غیرموجهی، که به طور غیرموجه برایش منظور می‌گردد، به میزان سه برابر از حقوق وی کسر می‌گردد.

"کلاس من است. من داشتم درس می‌دادم." وی نه فقط آستین بنده را که دیگر مشرف به پاره شدن بود رها کرد، بلکه طوری از خجالت آب شد و به زمین فرو رفت که بنده در پنج-شش ماهه گذشته هر چه سعی کرده‌ام یک بار دیگر او را ببینم، نتوانسته‌ام که نتوانسته‌ام.

شاید برای‌تان عجیب باشد، ولی همه زیبایی و طراوت مساله در این‌جاست که برخی از اساتید مسنی که بنده هر از چندی به آن‌ها سلام و علیکی می‌کردم، اگر در بیرون اتاق اساتید با آن‌ها سلام و علیکی می‌کردم، عموماً فکر می‌کردند که بنده یکی از دانشجویان‌شان هستم و از این رو، در پاره‌ای موارد با دادن مقداری وجه نقد، از من می‌خواستند تا برای‌شان ساندویچی، نوشابه‌ای، کبریتی، سیگاری، روزنامه‌ای، مجله‌ای یا . . . بخرم. و صد البته بنده نیز چون می‌دیدم که اگر قضیه را رو نمایم، ممکن است که خدای‌ناکرده، قلب اساتید مزبور به سبب اشتباهی که مرتکب شده‌اند، از حرکت بایستد، خیلی سریع، و طوری که دانشجویان متوجه مساله نشوند، می‌رفتم و اقلام مزبور را فراهم می‌کردم یک طرف، پشت دستم را هم داغ می‌کردم تا دیگر به اساتید مسن، که عموماً ضعف چشم و حافظه، موجب آن می‌شد که، همکاری را که بارها در اتاق اساتید به آن‌ها سلام کرده، با دانشجویان‌شان عوضی بگیرند، در محوطه دانشگاه سلام نمایم.[1]

یک روز که به دلیل وقوع واقعه‌ای مشابه موارد فوق، سخت از کوره در رفته بودم، سفره دلم را نزد یکی از دیگر اساتید جوان دانشگاه باز کردم. وی نیز پس از زدن لبخندی گفت: "ای آقا، این‌ها که شما گفتی که چیزی نیست، پس شما اگر جای بنده بودی، چه کار می‌کردی؟" زمانی که سکوت ناشی از حیرت مرا دید، ادامه داد: "آن اوایل که تازه این‌جا آمده بودم، یک دفعه که داشتم از دستشویی اساتید خارج می‌شدم، یکی از نظافتچیان بسیار با شعور دانشگاه، چون فکر کرد که بنده دانشجویی هستم که به گناه رفتن به دستشویی اساتید دست زده‌ام، پس از این‌که کلی سرم داد و فریاد زد، می‌خواست مرا توی یکی از اتاقک‌های دستشویی حبس کند که خوشبختانه با پادرمیانی چند تا از دانشجویانم، و معرفی من به نظافتچی مزبور، ماجرا

[1] بگذریم از این‌که عموماً مجبور می‌شدم که مبلغی را نیز تحت عنوان انعام، از اساتید مزبور دریافت کنم. البته به خاطر این‌که این مساله از لحاظ روحی مرا خیلی ناراحت می‌کرد، از ذکر آن در متن این داستان، و حتی در دل این پاورقی، خودداری کردم.

به نحو احسن خاتمه یافت." در حالی که عصبانیتم، به دلیل دیدن یک نفر همدرد خودم، تا حدی فروکش کرده بود، گفتم: "عجب. پس شما هم مثل من دچار یک چنین دردسرهایی هستی؟" وی پاسخ داد: "دیگر نه." با حیرت سئوال کردم: "چطور؟" او در حالی که پوشه‌ای را که اساتید دانشگاه عموماً به همراه دارند، و در آن برگه اسامی دانشجویان موجود است، نشانم داد و گفت: "صدقه‌سری این. کافیه همیشه پوشه را طوری دستت بگیری که همه آن را ببینند و در نتیجه، تو را با دانشجوها اشتباه نگیرند."

اگر بخواهیم میزان شعفی را که به سبب یافتن این کشف به من دست داد برای شما خواننده گرامی این داستان کاملاً واقعی بیان کنم، باید بگویم به من احساسی دست داد که وقتی به یک آدم یک‌لاقبا بگویید: "قرار است یک خانه مسکونی با سرویس کامل، به همراه یک خودروی پر از پول به تو بدهند." به او دست می‌دهد. اما چشم‌تان روز بد نبیند، فردای آن روز و درست در زمانی که به خاطر شدت شادی ناشی از کشف بزرگم تنها کم مانده بود که بال دربیاورم، و وقتی که پوشه استادی‌ام را تقریباً روی سرم گرفته بودم و داشتم در محوطه دانشگاه برای خودم جولان می‌دادم، و از این‌که بالاخره توانسته بودم راهی پیدا کنم تا بدان وسیله به دیگران بفهمانم که بنده یک استاد دانشگاه هستم نه یک دانشجو، و توگویی داشتم روی ابرها گام برمی‌داشتم، یک مرتبه یکی از مستخدمان قوی‌پنجه، و مسلماً بسیار با نزاکت دانشگاه، از پشت یقه‌ام را گرفت و در حالی که فریاد می‌زد: "آی دزد بی‌پدر و مادر. خوب گیرت انداختم. حالا می‌اندازمت یک جایی که تا عمر داری از این غلط‌ها نکنی." و مرا کشان‌کشان به اتاق اساتید برد.

باز هم، و درست مثل موارد پیش، مایه بسی مسرت شد که وقتی به اتاق اساتید رسیدیم، و بعد از این‌که مشخص شد که بنده یک استاد هستم، و درست مانند دیگر کارکنان فهیم دانشگاه مزبور، ایشان مرا رها کرد و شروع به عذرخواهی نمودن نمود. مطمئناً کاری را هم که بنده می‌بایست در یک چنین برهه‌ای انجام می‌دادم، و از قضا انجام هم دادم، عفو ملوکانه ایشان بود. زیرا ایشان به گفته دفتردار اتاق اساتید، تنها سعی کرده بود که وظیفه انسانی خطیر خود را به نحو مطلوبی انجام دهد. یعنی دستگیری یکی از چندین و چند دانشجویی که مدتی بود اقدام به برداشتن پوشه اساتید از محل‌شان می‌کردند و پس از تغییر نمره یا وضعیت حضور و غیاب

خود، آن‌ها را به محل اولیه‌شان برمی‌گرداندند. قطع به یقین، بروز اشتباهاتی مانند آن‌چه برای حقیر، البته با توجه به سن و سالم رخ داد، به هنگام انجام یک‌چنین امور مهمی، امری بود کاملاً قابل پیش‌بینی، و چه‌بسا حتی اجتناب‌ناپذیر.
در نهایت به این نتیجه رسیدم که بهترین کار برای رهایی از این دردسرهای تمام‌نشدنی، گریم کردن است. این بود که از فردای آن روز تقریباً نیمی از موهایم را سفید کردم، یک عینک ته‌استکانی بر چشم گذاشتم و کمی هم خمیده راه رفتم. شاید باورتان نشود، نه‌تنها مشکلات قبلی دیگر گریبانم را نگرفت، بلکه تازه فهمیدم یکی از اساتید مسنی که چندین بار از من خواسته بود که از بوفه دانشگاه برایش خوراکی بخرم، یکی از هم‌دانشگاهی قدیمی و پر شر و شور (و چه بسا شرور) و بسیار شیطان دوره لیسانسم بود که با گریم فوق‌العاده‌ای که انجام داده بود، به آن سر و وضع درآمده بود. و مسلماً شک نداشته باشید که آن اشتباهات صورت گرفته از طرف ایشان درباره من، غیرعمدی نبود.

چطور بود؟ ارزش خواندن داشت؟ در هر حال نوبت دومین داستان کوتاه چاپ شده در روزنامه "خبر جنوب" است. بفرمایید:

داستان طنز

بزبیاری[1,2]

وضعیت اسفناکی بود. غم در درون دل‌های همه جوانه زده و بلکه ریشه دوانده بود، اشک در چشمان کلیه حاضران لبریز و در بعضی موارد سرریز شده بود، مخلص کلام این‌که، اعصاب تمامی کارکنان اداره "کارشکنی" پاک خط‌خطی شده بود. باید هم این‌طور می‌شد، فکرش را بکنید، ساعت تمام طلای جناب رئیس آدم گم بشود، ولی آدم نتواند آن را پیدا کند. یعنی به‌راستی مشکلی بغرنج‌تر از این هم ممکن است که پیش بیاید؟

[1] برخی از دیگر مطالب این ژانر در صفحات ۵۹، ۸۸، ۱۶۹ و ۱۷۵ ارائه شده‌اند.
[2] روزنامه خبر جنوب- ۲۱ فروردین ۱۳۷۶- سال ۱- شماره ۴۳

البته نباید این‌طور فکر کنید که همه دست روی دست گذاشته بودند و داشتند غصه می‌خوردند. خیر، اتفاقاً یک‌چنان جنب و جوشی در آن چهارشنبه بهاری در اداره در جریان بود که اگر کسی نمی‌دانست، فکر می‌کرد که قرار است مقام مهمی از اداره بازدید کند، که همه تا این اندازه به تکاپو افتاده‌اند.

جان‌فشان‌ترین فرد را در این بین شاید بتوان آقای "ارادت"، معاون و داماد آینده احتمالی جناب "ظاهربین"، رئیس صدالبته محترم اداره "کارشکنی" دانست که به محض مطلع شدن از وقوع اتفاق مزبور، با گرفتن مرخصی بدون حقوق به منزل جناب "ظاهربین" رفت، تا بلکه بتواند ساعت مزبور را در آن‌جا پیدا کند. البته هرچقدر که جناب رئیس اصرار کرد که ساعت درست تا سر ظهر به دستش بوده، و دقیقاً به یاد دارد که برای شستن دستانش برای صرف ناهار آن را باز کرده و روی میزش گذاشته، جناب آقای معاون زیر بار نرفت که نرفت. آخر راستش را بخواهید، جناب معاون از جمله کسانی است که سخت اعتقاد دارد که "لازمه این‌که آدمی بخواهد چیزی را به یاد بیاورد، داشتن مغز است". هزار البته جناب رئیس، دست‌کم از نظر جناب معاون، از داشتن چنین عضوی محروم بود.

تلاش آقای "نظافت" سرایدار اداره نیز درخور تقدیر بود. او که هرگاه آدم از وی تقاضا می‌کرد که ماهی یک مرتبه هم که شده، راهروهای اداره را جارو بزند، چنان چشم غره‌ای به آدم می‌رفت که فرد تقاضا کننده از شکر خوردنش پشیمان می‌گشت، دو بار تمام سرتاپای اداره را با آب و صابون شسته بود هیچ، خاک تمام گلدان‌ها را هم پر و خالی کرده بود. که چی؟ که کار از محکم‌کاری عیب نمی‌کند. حالا بگذریم از این‌که سر همین شستشو و یا بهتر بگوییم، سر همین جستجوی اداره، نزدیک بود بین جناب مدیر امور اداری اداره، یعنی جناب "زنگ‌زده"، با جناب "نظافت" چه الم‌شنگه‌ای که برپا نشود.

ماجرا از این قرار بود که جناب "زنگ‌زده"، برای این‌که وجدانش به او این اجازه را نمی‌داد که در بعدازظهر آخرین روز کاری هفته، سرایدار اداره دست به چنین کار سنگینی بزند، و مسلماً نه به خاطر این‌که خودش بخواهد امری به این خطیری را به انجام برساند، حتی حاضر بود به جناب "نظافت"، مرخصی ساعتی با حقوق و پاداش و اضافه کار بدهد، ولی مگر وجدان‌کاری جناب "نظافت" به او این اجازه را می‌داد که در یک چنین برهه حساسی سنگر کار خود را

خالی بگذارد. جای شکرش باقی است که با پادرمیانی سایر کارکنان، و این‌که در ازای دادن اجازه جستجوی اداره به جناب "نظافت"، حق تفحص داخل اتوموبیل جناب رئیس به جناب "زنگ‌زده" اختصاص یابد، دعوای یادشده فیصله یافت.

یکی از دیگر افرادی که به سختی در حال تقلا بود، و متاسفانه تلاش‌های خالصانه وی، توسط کارکنان اداره و به ویژه جناب رئیس مکتوم مانده بود، جناب مدیر امور مالی اداره، یعنی جناب "مختلسی" بود. ایشان که به هر زحمتی که بود، سر و ته حساب سال مالی گذشته اداره را سر هم آورده بود، حالا قصد داشت تا ببیند که آیا می‌تواند با باز کردن مجدد آن، مبلغ ناقابل دیگری (دست‌کم معادل با قیمت ساعت گمشده جناب رئیس) را نیز از آن‌چه در طول سال قبل کاشته است، درو کند یا خیر؟ اما معضل بزرگ‌تر، این بود که مامور اداره دارایی قرار بود که تا یک ساعت دیگر برای رسیدگی به حساب مالی سال قبل اداره "کارشکنی" به آن‌جا بیاید. آخر مگر ممکن است؟ اختلاسی به میزان قیمت یک ساعت تمام طلا در عرض تنها یک ساعت؟ باز اگر یک ماه و یا دست‌کم یک هفته و یا حتی یک روز به او وقت می‌دادند، شاید می‌توانست شایستگی‌اش را به نحو مقتضی به منصه ظهور برساند، ولی تنها یک ساعت؟ . . . نه، نه، اصلا صحبتش را هم نکنید.

کسی نیست به جناب رئیس بگوید، آخر مرد حسابی، بیکار بودی که یک ساعت تمام طلا خریدی؟ خوب یک ساعت معمولی می‌خریدی که حتی سرایدار اداره‌ات هم بتواند تنها به کمک اضافه حقوقش، فورا یکی عین آن را بخرد و بیاورد دودستی تقدیمت کند، نه ساعتی به این گرانی که هم خودت با گم شدنش در مخمصه بیفتی، و هم یک عده انسان ساعی و شریف دیگر.

تکرار می‌کنم، وضعیت اسفناکی بود. زیرا درست همان‌گونه که حوصله شما خواننده گرامی این داستان، کم کم دارد از این همه آسمان و ریسمان دوختن حقیر سر می‌رود، بنده هم که نویسنده این داستان می‌باشم، کم‌کم داشتم از یافتن پایانی مناسب برای این گلی که به سر خودم زده‌ام، به طور کامل قطع امید می‌کردم، که ناگهان فریاد ارشمیدس‌وار جناب "چاپچی" آبدارچی محترم اداره "کارشکنی"، سکوت حزن‌انگیز اداره را، با بیان این جملات فراموش ناشدنی شکست که: "پیداش کردم. پیداش کردم."

بنابر گفته جناب "چایچی"، ساعت گرامی‌تر از جان جناب رئیس در پشت قنددان روی میز ایشان پنهان شده بود. صدالبته ایشان در حین پر کردن قنددان، به طور کاملا اتفاقی، متوجه آن عزیز از دست رفته می‌شود. در این بین جناب "نظافت" سرایدار اداره، اعتقاد راسخ داشت که جناب "چایچی" خودش ساعت جناب رئیس را دزدیده، و اکنون برای حسن جان‌نساری هرچه بیشتر، آن را آورده است. زیرا به گفته جناب "نظافت"، وی حداقل سه بار قنددان جناب رئیس را برای یافتن ساعت ایشان خالی و پر کرده بود.

نظرات پیرامون این مساله زیاد بود. عده‌ای حق را به جناب "نظافت" می‌دادند و اصولاً جناب "چایچی" را فردی مساله‌دار، و یا به قول امروزی‌ها، معلوم‌الحال می‌دانستند. عده‌ای هم که مطمئناً به خاطر پست و مقامی که نه، ولی دست‌کم به سبب حسن‌ظنی که از آن پس از سوی جناب رئیس، شامل حال جناب "چایچی" می‌شود، عاقل‌تر از دسته قبلی بودند، و چنین ابراز عقیده‌ای را علاوه بر داشتن طبع حسود، ناشی از بی‌دست و پا بودن جناب "نظافت" در جستجوی کامل اداره دانسته، هر یک مشغول به ذکر خاطره‌ای از گم کردن لوازم گران‌قیمت شخصی‌شان شده بودند که در نهایت، این جناب "چایچی" بوده که توانسته آن را پیدا، و صحیح و سالم تحویل‌شان بدهد.

به هر حال چه این اظهار نظرها درست باشد و چه غلط، جناب "چایچی" بلافاصله عنوان مدیریت اداره آبدارخانه را، صدالبته به همراه اضافه حقوق و یک پاداش درست و حسابی دریافت کرد. و چون وی تنها عضو شاغل در آبدارخانه اداره بود، بدین ترتیب و به طور خودکار، کلیه پست‌های سازمانی آبدارخانه، در تیول ایشان قرار گرفت.

در پایان بد نیست که به اوضاع و احوال سایر قهرمانان این داستان نیز نظری بیفکنیم. جناب "ارادت"، معاون اداره، چون در حین جستجوی منزل جناب رئیس، به طور ناخودآگاه امر نظافت منزل جناب رئیس را نیز به نحو احسن انجام داده بود، مسلماً به پیشنهاد همسر و دختر جناب رئیس، پاداش مناسبی دریافت نمود. قطعاً زحماتی هم که جناب "زنگ‌زده"، مدیر امور اداری اداره، در شستشوی داخل و خارج اتومبیل جناب رئیس کشیده بود نیز بی اجرت نماند. و همین‌طور بود وضع جناب "نظافت"، سرایدار اداره، در عوض کردن رنگ و روی اداره. سر جناب "مختلسی"، مدیر امور مالی اداره نیز بی‌کلاه نماند. زیرا ایشان طی یک ساعتی که به آمدن

مامور اداره دارایی باقی مانده بود، حین بررسی مجدد دفترهای مالی سال گذشته، متوجه رقم درشت دیگری شد که وی می‌توانسته اختلاس کند، ولی از دستش در رفته بود. مطمئناً این بار یک چنان اشتباهی از وی سر نزد.

توگویی در این میان، تنها سر بنده نویسنده این داستان است که کلاه رفته و از کرامات رئیس نازنین اداره "کارشکنی" بی‌نصیب مانده، به واقع بزآورده‌ام. به همین خاطر، و به منظور اجتناب از وقوع چنین واقعه اسفباری، از شما رئیس بسیار محترم اداره "کارشکنی"، عاجزانه تقاضامندم که اجازه ندهید که زحمات بنده نیز در حین بروز فاجعه تاریخی گم شدن ساعت تمام طلای شما انسان وارسته، که همانا به تصویر کشیدن این واقعه مهم در دل این داستان بوده است، در این میان پایمال شده، خواهشمند است با اهدای پاداشی مناسب به این بنده کمترین، حقیر را قرین منت خود سازید.

دوران همکاری با "خبر جنوب" نیز پس از سه- چهار ماه به سر آمد.

۱–۱۰ همکاری با صدا و سیما

در اینجا بود که تصمیم به تغییر کاربری دادم. یعنی این بار سراغ صدا و سیما رفتم. مسلماً این امر ساده نبود. بدبختی آن‌که اینترنت را هم مادر دهر در آن روزگار نزاییده بود. چه بسیار افرادی را که الان به یک اشاره می‌توان نشانی منزل‌شان را یافت، در آن هنگام یافتن شماره تماس‌شان عملی نگردید. در هر حال پس از تلاش زیاد موفق به همکاری در یک برنامه تلویزیونی به نام "سلام آشنا" به تهیه کنندگی خانم "زهره کاظمی" شدم. بلی حدس‌تان درست است، نام برنامه را من پیشنهاد داده بودم و در این پیشنهاد نیم‌نگاهی هم به نام فامیل خودم داشتم (حالا تصور کنید که اگر تمام نگاهی به نام فامیلم داشتم، آنگاه نام برنامه مثلاً چه می‌شد). در آن برنامه من طراح برخی از بخش‌ها و نویسنده تعدادی از آیتم‌ها بودم. البته به علت عدم انتخاب کارگردان مناسب، برنامه خوب از آب در نیامد. لذا شما هم حتی اگر قسمت‌هایی از آن را که در نیمه دوم سال ۱۳۷۸، پنجشنبه‌ها حدود ساعت ۲ بعدازظهر (بدترین زمان ممکن برای یک برنامه طنز) پخش می‌شد، دیده باشید هم بعید می‌دانم چیزی در خاطرتان مانده باشد. نکته بسیار حائز اهمیت آن‌که من در چند عدد از آیتم‌های برنامه ایفای نقش کردم. برنامه نگرفت اما کار یکی از بازیگران آن بسیار گرفت و آن برنامه پلی شد برای ترقی وی. چون از آن برنامه شناخته شد و به برنامه‌های مطرح راه یافت و بنده هم قطعاً افتخار بازی در کنار ایشان برایم، تا هستم و هست باقی ماند. ایشان هنرمند بنام و با اخلاق کشورمان، جناب آقای "ساعد هدایتی" بود. یادش بخیر. یکی از آیتم‌های نوشته شده توسط بنده در آن برنامه را ملاحظه نمایید:

نمایشنامه کلاه

یکی از‌کارهای من که در آن زمان پخش شد و تا مدت‌ها حتی در خود صدا و سیما درباره‌اش صحبت می‌شد، کاری بود که در آن، عده‌ای دست‌فروش دور یک میدان نشسته بودند و تعدادی کلاه گشاد را به عده‌ای خریدار می‌فروختند. کلاه‌ها به‌قدری گشاد بود که خریداران پس از گذاشتن آن کلاه‌ها دیگر جایی را نمی‌توانستند ببینند و لذا فروشندگان با این حربه جیب خریداران را خالی می‌کردند. چند لحظه بعد همین فروشندگان کلاه‌بردار در حین چرخش دور

میدان به فروشندگان دیگری برخورد می‌کردند. در اینجا این فروشندگان کلاهبردار مرحله قبل (یا به واقع کلاه‌برسرگذارهای مرحله قبل) بودند که به خریدارانی مغبون تبدیل می‌شدند و . . .

همکاری با صدا و سیما نیز با همان تک سریال طنز، یعنی چیزی در حدود پنج- شش ماه، به پایان رسید. می‌گویید ای بابا چقدر جا عوض می‌کردی؟ می‌گویم شما چند ساعت می‌توانید روی یک صندلی ناراحت بنشینید؟ باز من ماه‌ها و بعضاً سال‌ها همکاری می‌کردم. اما بدبختانه من یک اصولی برای خودم دارم که خارج از آن اصول ترجیح می‌دهم هرگز کار نکنم. و این‌گونه شد که من طنزپردازی را کنار گذاشتم. این در حالی بود که در آن ایام شاید جز بیست یا سی نفر اول طنز کشور بودم (لوح تقدیری که در صفحه بعد ارائه شده و در سال ۱۳۷۳ به بنده تقدیم گردیده است، شاید اندکی موید این ادعا باشد) و اگر کارم را ادامه می‌دادم شاید الان جایگاه بالاتری می‌داشتم. اما به هر حال از آن روز تاکنون، بن‌کل با هیچ رسانه‌ای همکاری نکردم. این هم از اثرات بدآموزی برخی فیلم‌های پخش شده از صدا و سیما، مثل "تنهایی یک دونده استقامت".

در فصل بعد، برخی از آثار چاپ نشده‌ام را طی چند بخش، پیشکش شما عزیزان می‌نمایم. هر بخش اندکی توضیح نیز دارد، بلکه قلم الکن بنده تا حدی برای شما عزیزان گویا شود.

جمهوری اسلامی ایران

وزارت فرهنگ و ارشاد اسلامی

لوح یادبود نخستین جشنواره مطبوعات

جناب آقای فرامرز آشنای قاسمی

با تقدیم این لوح یادبود از زحمات و تلاشهای خالصانه جنابعالی

در جشن برگزاری نخستین جشنواره مطبوعات تشکر و تقدیر می‌شود

امید است در راه اعتلای فرهنگی کشور اسلامیمان

موفق و مؤید باشید

علی انصاری

سرپرست ستاد برگزاری

فصـل ۲

آثار چاپ یا اجرا نشده

با توجه به اینکه برخی از مطالبی که ذیلا ارائه می‌شود، پیشتر برای چاپ به بعضی نشریات ارسال شده است، نیز با توجه به بسته نبودن سیستم ورود مطالب به نشریات، ممکن است تعدادی از مطالب زیر، قبلا در همان یا سایر رسانه‌ها، با نام این‌جانب، بدون نام این‌جانب و یا حتی با نام افراد دیگری، ارائه شده باشد، نیز، چون مسلما بنده هرگز نمی‌توانسته‌ام کلیه رسانه‌های کشورمان را طی سال‌های متوالی، برای کشف این مسأله رصد نمایم، بر خود لازم می‌دانم که پیشاپیش از آن افراد و رسانه‌هایی که در بروز احتمالی اتفاق فوق نقش داشته‌اند، به سبب عدم ذکر نامشان عذرخواهی کنم.

۲-۱ قوانین مورفی مدرن[1]

---

[1] برخی از دیگر مطالب این ژانر در صفحات ۸۰ تا ۸۱ ارائه شده‌اند.

قانون "مورفی" یک زبانزد رایج در فرهنگ غربی است که می‌گوید "اگر قرار باشد چیزی خراب شود، می‌شود". این جمله از "ادوارد مورفی"، مهندس نیروی هوایی و محقق "تئوری هرج و مرج" آمریکایی است.

طبق این زبانزد همیشه همه چیزها در بدترین و نامناسب‌ترین زمان به خطا می‌روند و کارها را لنگ می‌گذارند. معمولاً هنگامی که شخصی همواره بدشانسی می‌آورد او را شامل قانون "مورفی" می‌نامند.

از "مورفی" کلمات قصار دیگری نیز به جا مانده از جمله "همه چیز ذاتاً دچار خطا و دردسر می‌شود مگر اینکه برای درستی آن تلاشی شده باشد." قانون "مورفی" (گاهی با استنباط فیناگل یا قانون سُد در فرهنگ غرب اشتباه می‌شود.) یک مثل معروف در فرهنگ غرب است که در زمان آزمایش واگن موشکی در اواخر دههٔ ۴۰ به وجود آمد. اصلی‌ترین پیامی که این قانون بیان می‌کند این است که در هر حالتی که احتمال خراب شدن یا خطا رفتن باشد بی‌شک روزی این اتفاق می‌افتد. "اگر راه‌های متفاوتی برای انجام کاری باشد که یکی از آنها به خرابی یا فاجعه بیانجامد، حتماً یک نفر کار را به همان صورت انجام خواهد داد." که معمولاً به این صورت بیان می‌شود: "هر چیز که می‌تواند خطا برود، خطا می‌رود."

حال در این بخش تلاش شده است که ورژن جدیدی از قوانین مورفی برای شما ارئه شود.

ترافیک

- وقتی در ترافیک گیر کرده‌اید و از قضا عجله هم دارید، راننده‌ای که جلوی شماست، همواره دیرتر از سایر رانندگان شروع به حرکت می‌کند.

- اگر بوق بزنید دو حالت دارد: یا اهمیتی نمی‌دهد، یا لج می‌کند و از آن پس آهسته‌تر می‌راند.

- مورد اخیر، هنگامی که شما عجله دارید بیشتر رخ می‌دهد.

کار اداری

- هرگاه برای امضایی به اداره‌ای می‌روید، فردی که باید مشکل شما را حل کند به مرخصی رفته است.

- این فرد معمولاً جانشین هم ندارد.

- فرد مزبور یا چند لحظه قبل محل کارش را ترک کرده یا چند ساعتی می‌شود که به مرخصی رفته است و دیگر نخواهد آمد.

- اگر چند لحظه قبل رفته و گفته تا چند لحظه بعد برمی‌گردد، دو حالت دارد:

۱) اگر منتظر بمانید، احتمالاً در آخر وقت اداری تماس می‌گیرد و اطلاع می‌دهد که آن روز نمی‌آید.

۲) اگر بروید، به محض خروج‌تان از آن‌جا، می‌آید (این مساله را فردا که به آن‌جا مراجعه می‌کنید، متوجه می‌شوید).

غذای میهمانان

- هنگامی که میهمان دارید، کیفیت غذایی که تدارک می‌بینید، به سبب تفاوت حجم آن با میزان غذایی که همیشه درست می‌کنید، معمولاً از حالت عادی پایین‌تر می‌شود. چه بسا تا حدی هم غذا بدمزه شود.

- در چنین مواقعی، همسر و فرزندان‌تان مرتب می‌گویند: "مامان چی تو غذا ریختی که این‌قدر خوشمزه شده؟"

- اگر غذا زیاد باشد، کسی تمایلی به خوردن از خود نشان نمی‌دهد.

- اگر غذا کم باشد، همه، و به ویژه فرزندان و همسرتان، تمایل خواهند داشت که دو برابر همیشه غذا بخورتد.

خرابی کامپیوتر

- کامپیوتر شما درست زمانی از کار می‌افتد که مهم‌ترین کارها را با آن دارید.

- این زمان معمولاً زمانی است که از فایل‌های سیستم‌تان، مدت‌هاست پشتیبان نگرفته‌اید.

- این زمان عموماً شب قبل از یک روز تعطیل است که احتمالاً روز بعد از آن هم تعطیل است.

- این زمان همچنین زمانی است که نه تنها یک تعمیرکار، بلکه دوستانی هم که در این گونه موارد از آن‌ها یاری می‌جویید در دسترس نیستند (احتمالاً به مسافرت رفته‌اند، نامردها).

- اگر کامپیوتر دیگری هم دارید، مشکل‌تان را حل نمی‌کند، چون فایل یا نرم‌افزار مورد نظرتان بر روی آن وجود ندارد.

- CD نصب آن نرم‌افزار را هم ندارید (احتمالاً آن را به یکی از همان دوستان نامردتان امانت داده‌اید که در یک چنین برهه مهمی، با سفر رفتن‌شان، دست شما را در حنا گذاشته‌اند).

نحوه تدریس

- اگر استاد هستید، اگر خوب نمره بدهید، به راحت‌گیر بودن متهم می‌شوید (تازه آن هم با صفاتی نه چندان دل‌چسب).

- اگر بد نمره بدهید، با صفات بدتری شناخته می‌شوید.

- اگر نه خوب نمره بدهید و نه بد، باز هم فرقی نمی‌کند، بالاخره دانشجویان‌تان با قرار دادن شما در یکی از دو گروه مزبور، یک سری صفات نه‌چندان دلچسب برای تان می‌یابند (گاهی هم می‌سازند).

داشتن تحصیلات

- اگر دارای تحصیلات باشید، معمولاً در رشته‌ای که درس خوانده‌اید شغلی و یا دست‌کم شغل مناسبی نمی‌یابید.

- اگر بیشتر درس بخوانید، شانس‌تان در رابطه با نکته فوق، اگر کمتر نشود، افزایش چندانی نیز نمی‌یابد. چون تا زمانی که درس‌تان تمام شود، فرصت‌های بیشتری از دست رفته‌اند.

- در هر حال، همواره حسرت می‌خورید که چرا در رشته دیگری تحصیل نکرده‌اید.

- اگر هم فاقد تحصیلات خاصی باشید، همیشه حسرت می‌خورید که اگر درس می‌خواندید، شرایط بهتری می‌داشتید.

آموزش موسیقی

- اگر می‌خواهید نواختن سازی را یاد بگیرید، حتماً زمان مناسب آموزش آن ساز برای‌تان دیر شده است. لذا پس از مدتی، آموختن آن ساز را رها می‌کنید.

- اگر به پیشنهاد یک فرد مجرب در موسیقی، آموزش ساز دیگری را شروع نمایید، نواختن آن را هم یاد نخواهید گرفت.

- اگر از آموختن منصرف شوید، مرتب به افرادی برخواهید خورد که با سنی بالاتر از شما، آموزش آن سازها را شروع کرده و اکنون آن سازها را به خوبی می‌نوازند.

- اگر مجدداً هم تلاش کنید، باز هم به جایی نمی‌رسید.

- سازتان را هم عوض کنید، نتیجه عوض نخواهد شد.

اسباب‌بازی کودک

- اگر کودک‌تان اسباب‌بازی گران‌قیمتی را بخواهد و شما او را از خریدش منصرف کنید، مجبور خواهید شد اسباب‌بازی گران‌قیمت‌تری را به جای اولی برای وی بخرید.

- البته مساله به همین‌جا ختم نمی‌شود، چون مجبور می‌شوید چیزهای دیگری را هم برای او خریداری کنید.

- شک نکنید که دیر یا زود، همان اسباب‌بازی گران‌قیمت اولی را نیز برای او خواهید خرید.

جوهر روان‌نویس

- جوهر روان‌نویس (یا خودنویس) تان تنها زمانی نشت می‌کند که آن را در جیب پیراهنی که از همه بیشتر دوست می‌داریدش گذاشته‌اید.

- نوع جوهر به‌گونه‌ای است که با هیچ ترفندی از بین نمی‌رود.

- مشکل اصلی این است که حالا باید سرزنش ده‌ها نفر، مبنی بر این‌که: "چرا روان‌نویس را در جیب پیراهنت گذاشتی؟" را نیز بشنوید. توگویی روان‌نویس‌تان در این بین نقشی نداشته است.

- بدبختی بزرگ‌تر آن‌که، این پیراهنی بوده که از طرف همسرتان به شما هدیه شده است.

خرید وسیله

- وسیله‌ای را که نیاز شدیدی به خرید آن دارید، اخیراً قیمتش جهش چشمگیری داشته است.

- به محض خرید، این افزایش قیمت کاذب از بین می‌رود.

- اگر بخواهید آن را بفروشید، بازار آن از بین رفته است.

- این در حالی است که قبل از خرید آن وسیله، اقلام دست‌دوم آن نیز دارای بازار خوبی بوده است.

نیمکت خالی

- وقتی در یک روز تعطیل، در یک پارک، به دنبال یک نیمکت خالی می‌گردید، در صورتی که آن را بیابید، با هر سرعتی که به سمت آن حرکت کنید، پیش از رسیدن شما اشغال شده است.
- اگر مجدداً برای یافتن یک نیمکت خالی دیگر اقدام نمایید، تاریخ تکرار می‌شود.
- اگر موفق به نشستن بر روی یک نیمکت خالی شدید، پس از مدت کوتاهی خودتان از روی آن بلند خواهید شد. چون یا به طرز بدی آفتاب بر روی آن می‌تابد، یا نزدیک یک سطل زباله بدبوست، یا ساکنان نیمکت کناری‌تان به شدت مشغول داد و بیدادند یا . . .

خرابی دندان

- خراب شدن دندان‌های‌تان، عموماً هیچ ارتباطی به منظم مسواک یا نخ کردن آن‌ها ندارد. همه آن‌ها در زمان مشخصی، که معمولاً زمانی است که اوضاع مالی‌تان مناسب نیست، خراب می‌شوند.
- ذکر مرتب مسواک و نخ کردن دندان‌هایتان به دندانپزشک‌تان نیز هیچ سودی ندارد.
- یعنی نه دندان‌های‌تان سالم می‌شوند و نه وی تخفیف خاصی به سبب منظم بودن‌تان برای شما قائل می‌شود.
- اگر دندان‌های‌تان را به طور منظم مسواک و نخ هم نمی‌کردید، باز هم همه آن‌ها خراب می‌شدند. با این تفاوت که در این مورد اخیر، همیشه غصه می‌خوردید که چرا دندان‌های‌تان را منظم مسواک نمی‌کردید.

رئیس و همکاران

- در محل کارتان، شما همیشه یک دشمن دارید به نام: "رئیس".
- شما همچنین، یک لشکر بدخواه دارید به نام: "همکار".
- حال هرچه مایلید درباره رئیس‌تان، به همکاران‌تان بگویید.

- اصلاً مهم نیست که چقدر با همکاران‌تان صمیمی هستید، نتیجه عمل در نهایت یکسان خواهد بود.

نظم و بی‌نظمی در کار

- اگر آدم نامنظمی باشید، رئیس موسسه‌ای که در آن شاغلید، آدم بسیار منظبتی خواهد بود که مرتب به سبب بی‌نظمی‌های‌تان، گوش‌تان را می‌پیچاند.

- اگر آدم منظمی باشید، رئیس‌تان آدم بسیار نامنظمی خواهد بود. به نحوی که هرگز قدر منظم و مرتب بودن شما را ندانسته، هیچ‌گاه از شما تقدیری به عمل نمی‌آورد.

- با تغییر پست یا حتی محل کارتان، عموماً تغییری در این امر رخ نمی‌دهد.

خواب شبانه

- کودک خردسال‌تان، عموماً درست هنگامی که خواب شما در حال سنگین شدن است، با آه و شیون شما را از خواب می‌پراند.

- شب‌هایی که کودک‌تان تا صبح، حتی یک بار هم شیون و زاری نمی‌کند، شب‌هایی است که بی‌خوابی به سراغ‌تان آمده است.

- شک نکنید که در چنین شب‌هایی، خواندن کتاب، به حمام رفتن، شمارش گوسفند و . . . نیز هیچ سودی نخواهد داشت.

لباس‌های بیدزده

- اگر بهار فراموش کنید که داخل لباس‌های پشمی‌تان نفتالین بگذارید، شک نکنید که لباس‌های بید خواهند زد.

- هنگام تعریف این مساله به دوستان‌تان، متوجه می‌شوید که آن‌ها نمی‌دانسته‌اند باید این کار را انجام دهند، اما تاکنون بید سراغ لباس‌های‌شان نرفته است.

شرط‌بندی

- اگر در مسابقات شرط‌بندی شرکت نکنید، همیشه نتایج مسابقات را درست حدس می‌زنید.

- اگر شروع به شرکت در چنین مسابقاتی نمایید، حدس‌هایتان دیگر درست از آب در نمی‌آیند.

- اگر از شرط‌بندی دست بردارید، مجدداً حدس‌هایتان درست می‌شوند و الی آخر.

ضریب حساسیت

- کلاهبردارها درست زمانی به سراغ شما می‌آیند که، ضریب حساسیتتان نسبت به فریب خوردن کاهش یافته یا به واقع زودباور شده‌اید.

- این زمان معمولاً هنگامی است که دچار کسری شدید پول شده‌اید (حال چه برای خرید خانه و زمین، چه برای تطمیع حس طمع‌ورزی‌تان).

- خواندن و یا به یاد داشتن مطالبی در این زمینه (حتی همین مطلب) هم برایتان سودی نخواهد داشت.

۲-۲ از دفترچه خاطرات یک دیوانه سابق (اپیزود سوم)[1]

---

[1] قسمت اول این مجموعه در صفحه ۴۸ و قسمت دوم آن در صفحه ۶۸ ارائه شده است.

دفترچه خاطرات یک دیوانه سابق پیشتر توسط "نیکلای گوگول"، نویسنده زبردست روس به رشته تحریر در آمده است. کاری که اکنون ملاحظه می‌نمایید، بخش سوم و پایانی یک اپیزود سه قسمتی به تقلید از آن است که پیشتر دو بخش قبلی‌اش را در همین کتاب مطالعه نمودید.

یک‌شنبه

"لولو خورخوره" مرد.

او که با حفظ سمت ریاست "عصر جدید"، وظیفه ترساندن ما را در شب‌هایی که برق آسایشگاه می‌رفت نیز بر عهده داشت، دیشب بر اثر ضربه‌ای که من، یعنی "لئوناردو داوینچی"، بر مغز او فرود آوردم، به مرگ طبیعی درگذشت.

بناست فردا رئیس جدیدمان انتخاب بشود. کاندیداها عبارتند از: "کینگ کونگ"، "گوریل انگوری"، "گودزیلا" و "هرکول". این‌که کدام یک از آن‌ها می‌تواند سر بقیه را زیر آب کند، من نمی‌دانم، ولی این را مطمئنم که هر کدام از آن‌ها قادر به انجام این کار بشود، به راحتی می‌تواند سر همه ما را هم زیر آب کند.

دو– یک‌شنبه

نمی‌دانم اگر ما دکتر "آیشمن" را نداشتیم باید چه‌کار می‌کردیم. آخر ماه قبل "مارتین لوترکینگ" کمی عقلش را از دست داده بود و فکر می‌کرد با او هم باید مثل سایر انسان‌ها رفتار بشود، نه مثل یک سیاهپوست. ولی خوشبختانه بعد از خوردن دارویی که دکتر "آیشمن" به پیشنهاد من به او داد، دیگر چنین لاطائلاتی را بر زبان نرانده است. در هر صورت کاشکی زودتر از خواب بیدار بشود و به حمام برود. چون در طی این یک ماهی که او پس از خوردن قرص‌های "شوکران" دکتر "آیشمن"، در داخل آلاچیق خالی ته حیاط به خواب رفته، بدنش به طرز بسیار بدی بو گرفته است.

دو– دوشنبه

قرار است که فردا یک نفر به کم بودن سهمیه غذای‌مان اعتراض کند و قرعه این کار هم طبق معمول به "الیور توئیست" افتاده است. آقای "تناردیه" به "الیور" پیغام داده که اگر حاضر بشود که مجانی در میهمان‌خانه‌اش کار کند، او هم در عوض "کوزت" را وادار می‌کند تا به جای "اولیور" اعتراض کند. بینوا "کوزت". باید پول‌هایم را جمع کنم تا با خرید "کوزت"، او را

از زیر سلطه یک‌چنین موجود قسی‌القلبی خلاص کنم. آره، باید این کار را بکنم، چون این طوری، اگر من در چنین قرعه‌کشی‌هایی دچار اشتباه بشوم و قرعه به‌جای فرد مورد نظرم، به اسم خود "من" در بیاید، می‌توانم "کوزت" را به‌جای خودم مامور کنم.

دو- دو- دوشنبه

دیشب تئاتر داشتیم. نمایش خوبی به اجرا درآمد. به ویژه این‌که "جو سورخ‌پوسته" در انتهای آن، راستی راستی "آبراهام لینکلن" را با تبر کشت. ما سفیدپوست‌ها که خیلی خوشحال شدیم. آخر "لینکلن" تا آن‌جا که توان داشت، اجازه نمی‌داد که ما از سیاه و سرخ‌پوست‌ها کولی بگیریم. بچه‌ها قرار گذشتند که به پاس این محبت "جو سرخ‌پوسته"، تا یک هفته، وقتی از او کولی می‌گیرند، با مشت تو مغزش نکوبند. واقعاً که این جایزه حقش است.

آه، راستی، یادم باشد تبرم را از "جو سرخ‌پوسته" بگیرم.

سه- چهار- پنج‌شنبه

الان که دارم این مطلب را می‌نویسم، طناب دار را به دور گردنم پیچیده‌ام، و مجسمه "اسب تروا" را نیز در زیر پایم قرار داده‌ام. می‌دانید چرا؟ برای این‌که اوراق دفترچه خاطراتم به پایان رسیده و چون بنا بر "قانون بقا" ی دفترچه خاطرات، هرکس که دفترچه خاطراتش پر بشود باید بمیرد، من هم الان با انداختن این مجسمه غول‌پیکر از زیر پاهایم، به زندگی‌ام خاتمه می‌دهم.

در هر حال خوب شد که امشب با ریختن مرگ موش در غذای کلیه ساکنان "عصر جدید"، همه‌شان را به جهنم فرستادم، وگرنه آن‌ها به سبب از دست دادن موجود خوش‌قلب و مهربانی مثل من، چه شیون‌هایی که نمی‌کردند. خوب، دیگر وقتش است، برو کنار ببینم غول بیابانی.

آهان . . . آ . . . آ . . . آ . . . خیخ . . . خوخ . . . خیخ . . . خوخ . . .

پوچ‌شنبه

خیلی خوب شد که این سه تا اپیزود را تو دفترچه خاطرات "لئوناردو داووینچی" نوشتم. چون این‌طوری و با دیدن این یادداشت‌ها، همه خیال می‌کنند که خود "لئوناردو"ی نادان مسبب بروز همه این وقایع، و به ویژه دار زده شدنش بوده، نه "من".

مسلماً پلیس هم به ذهنش خطور نمی‌کند که این کارها کار انسان خوب و نوع‌دوستی مثل "من" باشد. به همین خاطر، "من" به راحتی می‌توانم به یک آسایشگاه جدید بروم. مسلماً روز از نو، روزی از نو.

فقط نمی‌فهمم چرا این‌قدر دل درد و حالت تهوع دارم. خسته شدم از بس تو "گلدان گل آفتاب‌گردان" "ونسان" . . . آوردم. قلبم دارد از ریشه در می‌آید. احتمالاً به خاطر پرخوری شام امشب است.

امضا: "میکل آنژ"

۲-۳ سخن ژرف[1]

---

[1] برخی از دیگر مطالب این ژانر در صفحات ۴۲ تا ۴۳ ارائه شده‌اند.

کلمات قصار از جمله بخش‌های جذاب در نشریات مختلف است. زیرا فرد به سرعت خواندن یک جمله، می‌تواند لحظات خوشایندی را برای خود فراهم کند. صد البته اگر کلمات قصاری را که می‌خواند، واقعاً کلمات قصار باشد. از آن‌جایی که بنده احساس کردم که کلمات قصار حاضر، صددرصد کلمات قصار نبوده، به واقع چیزی بینابین کلمات قصار و کاریکلماتور است، نام سخن ژرف را بر آن نهاده‌ام. ملاحظه بفرمایید.

- حتی روابط ضوابط‌مند، از ضوابط‌روابط‌مند بهترند.

- هیچ‌کس برای مردن زندگی نمی‌کند. همان‌گونه که هیچ‌کس برای زندگی کردن نمی‌میرد.

- ثروت زیباست.

- تا موقعی که در موضع قدرت قرار نگرفته‌ای، از موضع قدرت صحبت نکن.

- در جامعه احمق‌ها، از هر احمقی که عبور کنی، ده احمق دیگر انتظارت را می‌کشند.

- در جوامعی که همه دچار جنون پرخوری‌اند، حتی افرادی که از فقر در حال مرگ‌اند، از چاقی مفرط رنج می‌برند.

- چهره هر کودک شیطانی در خواب دوست‌داشتنی‌تر است.

- حکومت‌دیکتاتوری، دموکراسی‌فردی است.

- بدتر از چیزی را در زندگی از دست دادن آن است که، آدم اصلاً چیزی برای از دست دادن نداشته باشد.

- چندی است که افزایش بی‌رویه آدم‌های باسواد، امر ریشه‌کن کردن پدیده بی‌سوادی را مورد تهدید جدی قرار داده است.

- اگر نمی‌توانید آن‌گونه که می‌خواهید زندگی کنید، لااقل آن‌گونه که می‌توانید زندگی کنید.

- احمق‌تر از یک احمق، کسی است که با یک احمق سر و کله بزند.

- هر چه قدر که بیشتر خم بشوی، بار بیشتری روی کولت می‌گذارند.

- وقتی هدف تخریب باشد، هر نوع تخریبی، سازندگی محسوب می‌شود.

۲-۴ شهر هرت[1]

[1] برخی از دیگر مطالب این ژانر در صفحات ۴۱ تا ۴۲ ارائه شده‌اند.

شهر هرت شهری است که بنده سال‌ها قبل و هنگامی که در نشریات "گل آقا" ذوق‌آزمایی می‌کردم خلق کردم. می‌گویید: حالا این شهر هرت کجاست؟ می‌گویم: آن‌جایی است که مثل همه‌جاست اما متفاوت باهمه‌جاست. می‌گویید: یافت می‌نشود جسته‌ایم ما. می‌گویم: آن یافت می‌نشود آنم آرزوست.

- آقا این شهر هرت کجاست؟

- این جاده را مستقیم بروید. دهمین آدم تهی‌مغزی را که دیدید بپیچید به سمت چپ. یک کم جلو بروید می‌رسید به شهر هرت.

- حالا از کجا بفهمم افرادی را که می‌بینم تهی‌مغزند؟

- خیلی ساده. هر کسی را دیدید، همین سئوال را از او بپرسید.

*****

- ترمز ماشین‌ات خالی می‌کرد درست شد؟

- آره.

- چه کارش کردی؟

- ترمز ماشین نو را که کار خاصی نمی‌شود کرد، خودم سعی می‌کنم مراقب رفتار و گفتارم باشم.

*****

- چه خبرا؟

- چه خبر می‌خواهی باشد؟ نیم‌ساعت پیش رفتی زیرآبم را پیش آقای رئیس زدی، الان می‌خواهد اخراجم کند.

- د . . . د . . . د . . .، عجب آدم نامردی است‌ها. یک ساعت برای من قسم خورد که حرف‌هایم را به کسی نمی‌گوید، ولی حتی نیم ساعت هم نتوانست جلوی آن دهان لقش را نگهدارد.

*****

- وضع مالی‌ام خیلی خراب است.

- بیا برویم دزدی.

- نه بابا. می‌گیرندمان، آن‌وقت جنس دزدی که هیچ، چند برابرش را هم باید تاوان‌های مختلف بدهیم.

- پس بیا برویم دزد بگیریم.

✳✳✳✳✳

- به نظر تو، اول مرغ بوده یا تخم‌مرغ؟

- هیچ‌کدام. اول خروس بوده است.

- مگر می‌شود؟ آخر چطوری؟

- همان‌طوری که اول آدم بوده بعد حوا.

✳✳✳✳✳

- آقا کوچولو. بابات را بیشتر دوست داری یا مامانت را؟

- نه. نه. با پدر و مادرم کاری نداشته باشید. اعتراف می‌کنم. همه چیز را می‌گویم.

✳✳✳✳✳

- شنیدم جدیداً یک اختراع ثبت کردی.

- آره، یک دستگاه ساختم که با فشار یک دگمه، کل آب یک پرتقال را بیرون می‌کشد و می‌ریزد توی پوستش.

- عجب. خوب حالا این دستگاه چه حسنی دارد؟

- راستش خودم هم چند هفته است که دارم روی این موضوع فکر می‌کنم.

✳✳✳✳✳

- می‌خواهم از واحد کناری‌مان شکایت کنم.

- چرا؟

- برای این‌که هر شب ساعت ۲ نصفه‌شب می‌آید وزنگ خانه‌مان را می‌زند.
- یعنی چه؟ برای چه این کار را می‌کند.
- چه می‌دانم، می گوید این وقت شب ترومپت نزنید، می‌خواهیم بخوابیم.

*****

- آقا یک کتاب کودک هست که اخیراً چاپ شده و قطعش اندازه قبر یک بچه است. داریدش؟
- نخیر قربان. کتاب‌هایی که ما داریم فقط آدم بزرگ‌ها را راهی قبرستان می‌کند.

*****

- داری چه‌کار می‌کنی؟ برای چی دارید بادکنک‌های سالم را سوراخ می‌کنی؟
- برای این‌که بادشان کنم.
- بادکنک سوراخ را که نمی‌شود باد کرد.
- اتفاقاً من یک عمره دارم از راه انجام چنین تردستی‌هایی زندگی‌ام را می‌گذرانم.

*****

- تو اهل کجا هستی؟
- هیچ‌جا.
- هیچ‌جا که جا نمی‌شود.
- جا نمی شود، جواب که می‌شود.

*****

- آقای دکتر، چند وقت است که وقتی من به مدت طولانی دست‌هایم را بالا نگه‌میدارم، طوری احساس ضعف می‌کنم که می‌خواهم غش کنم.
- خوب حالا چه نیازی است که شما به مدت طولانی هر دو دست‌تان را بالا ببرید؟

- خوب آقای دکتر، اگر این کار را نکنم که پلیس‌ها به من شلیک می‌کنند.

❋❋❋❋❋

۲-۵ درد دل

درد دل که دیگر توضیح نمی‌خواهد! هر آنچه در طول و عرض زندگی برایم جالب‌انگیز بوده در این بخش برای‌تان نقل خواهم کرد. به همین سادگی. تازه بلکه از این هم ساده‌تر.

دوستی دارم که مدتهاست مثل همه ما، با مشکلات زیادی دست به گریبان است. چند روز پیش از او پرسیدم: بالاخره مشکلاتت حل شدند؟

گفت: نه بابا. تا می‌خواهد یک فرجی بشود، یکی می‌آید و یک موشی می‌دواند و دوباره روز از نو و روزی از نو.

گفتم: اشکالی ندارد، زیاد فکرش را نکن. شاید خیری در کار است. مگر نشنیدی که می‌گویند عدو شود سبب خیر ار خدا خواهد؟

گفت: چرا، ولی آخر مشکل اینجاست که توگویی مدتی است که همه می‌خواهند برای من بانی خیر بشوند.

❋❋❋❋❋

اگر آدم‌ها را بخواهیم براساس نحوه و میزان حرف زدن‌شان دسته‌بندی کنیم، به دسته‌های جالبی برخورد می‌کنیم.

دسته اول کسانی هستندکه زیادتر از میزان‌شان حرف می‌زنند. سرنوشت این افراد مثلاً با بریده شدن ترمز خودرویی‌شان و یحتمل با سقوط آن به ته دره گره می‌خورد.

دسته دوم برعکس دسته اول هستند. یعنی هرچه از آن‌ها می‌خواهند صحبت کنند و اسرار مگو (یا دست‌کم اسرار بگو) را بگویند، خاموشی پیشه می‌کنند. سرنوشت این افراد نیز شباهت زیادی با سرنوشت دسته اول دارد.

دسته سوم کسانی هستند که دقیقاً می‌دانند که کی حرف بزنند و کی نزنند. این افراد عموماً همان کسانی هستند که عامل به دره افتادن آدم‌های دسته اول و دوماند. حال چه به طور مستقیم و چه به طور غیرمستقیم.

❋❋❋❋❋

کنار یک دکه مطبوعاتی ایستاده بودم و با وجود این‌که دیرم شده بود و تازه عینکم را هم خانه جا گذاشته بودم، داشتم با هزار بدبختی و بیچارگی تیترخوانی جراید را می‌کردم که فردی که

سر و وضعش نشان می‌داد که یک کارگر ساده است، کنارم آمد و از من خواست که تیتر یکی از روزنامه‌های ورزشی را برایش بخوانم. با آن که عجله داشتم، اما دلم برایش سوخت و کورمال کورمال و شمرده شمرده شروع به خواندن تیترها کردم. وقتی تیترهای یکی از روزنامه‌ها تمام شد، از من خواست تیتر یک روزنامه دیگر را بخوانم و الی آخر.

پس از آن که تیتر همه روزنامه‌های ورزشی را با بدبختی و بیچارگی ناشی از بی‌عینکی برایش خواندم، ایشان خورخوری کرد و گفت: اوووووه تو هم که کشتی ما را با این سوادت. واقعاً که باید خودم بروم سواد یاد بگیرم تا عمرم به پای یک آدم‌های کم‌سوادی مثل تو تلف نشود.

❀❀❀❀❀

خیلی دوست دارم مطالعه کنم. خیلی. اما متاسفانه من هم مثل شما، عموماً وقت نمی‌کنم. آخر می‌دانید، من هم اگر مثل شما، بخواهم مطالعه کنم، پس کی فوتبال تماشا کنم، کی چت کنم، کی با تلفن حرف بزنم، کی ایمیل‌ام را چک کنم، کی با دوست‌هایم بیرون بروم، کی اس‌ام‌اس بازی کنم، کی فیلم ببینم، کی موزیک گوش بدهم، کی سر وقت کامپیوترم بروم، کی درس بخوانم، کی مسافرت بروم، کی با ماشینم یک دور بزنم، کی ساز بزنم، کی استخر بروم، کی کوه بروم، کی کافی‌شاپ بروم، کی تو پارک ورزش کنم، کی با دوست‌هایم گپ بزنم، کی ... نه ... نه ... نه ... اصلاً امکانش نیست. کاملاً حق با شماست. مطالعه آدم را از هست و نیست ساقط می‌کند.

❀❀❀❀❀

دوستی دارم که هر سال وقتی بچه‌هایش شاگرد ممتاز می‌شدند، برایشان جایزه می‌گرفت. همین مساله هم باعث شده بود که بچه‌هایش هر سال شاگرد ممتاز بشوند. اما چون اخیراً دچار مشکلات عدیده مالی شده، امسال قرارش را با بچه‌هایش، برای گرفتن جایزه به سبب شاگرد ممتازی، کمی تغییر داده است. به این شکل که از این پس قرار است اگر بچه‌هایش شاگرد ممتاز نشوند برای آن‌ها جایزه بخرد.

به او گفتم: مرد حسابی، این چه قراری است که گذاشتی؟ شاگرد ممتاز نشدن که از شدنش خیلی راحت‌تره. بچه‌هایت وسوسه می‌شوند و درس نمی‌خوانند و یک وقت خدای نکرده آینده‌شان تباه می‌شودها.

گفت: اختیار داری عزیزجان. من کارم را بلدم.

گفتم: یعنی چی؟

گفت: برای آن‌که وقتی آدم به کاری معتاد بشود، به این راحتی‌ها نمی‌تواند از انجام آن سر بزند.

*****

آدمی همواره باید مراقب رفتارش باشد. چه‌بسا انسان‌های نارنینی که به خاطر انجام اندکی رفتار نامناسب، تا مدت‌های مدیدی (و چه بسا تا پایان عمر و بلکه حتی پس از مرگ) به شدت متضرر شدند. پس آیا بهتر نیست که با اندکی تغییر در رفتار خود، به ویژه در ارتباط با انسان‌های نادان، عمری رنج و مشقت را برای خود و نزدیکان خود فراهم نکنیم؟

می‌گویید: چرا در برخورد با آدم‌های نادان باید بیشتر احتیاط کرد؟

می‌گویم: چرا ندارد. برای این‌که اگر در برخورد با انسان‌های دانا رفتار نامناسبی انجام دهید، این احتمال وجود دارد که آن‌ها به سبب دانایی‌شان، رفتار نامناسب‌تان را نادیده بگیرند. اما فغان از دست آدم‌های نادان. چون آن‌ها حاضرند هست و نیست خودشان که سهل است، هست و نیست هفت پشت و پیش خود را به فنا دهند، اما دست از تلافی برندارند که ندارند که ندارند.

*****

دوستی داشتم که در خارج از کشور جنس قاچاق می‌کرد. یک بار از او پرسیدم: آخر تو با همه ماموره‌ا که رفاقت نداری. تازه در خارج سخت‌گیری خیلی زیاد است. چطور جنس‌ها را رد می‌کنی که کسی به تو شک نمی کند؟ چقدر به آن‌ها رشوه می‌دهی؟

با خنده گفت: ای بابا. رشوه چی است. آمدیم و طرف رشوه نگرفت، آن وقت نابود می‌شوم می‌روم پی کارم که.

گفتم: پس چه‌کار می‌کنی؟

گفت: خیلی ساده. اگر کسی که جلویم را می‌گیرد، آشنا نباشد و از من بخواهد که در صندوق عقب را باز کنم، لبخندی می‌زنم و می‌گویم: چشم، ولی من جنس‌هایم را زیر صندلی عقب و داخل کاپوت و زیر گلگیرها جاسازی می‌کنم‌ها. تو دادگاه نگویید چرا نگفتی.

و تا به حال هر بار که چنین حرف‌هایی زده‌ام، مامور مربوطه ضمن منصرف شدن از بازدید ماشینم، با لبخند به من گفته است: برو آقا، برو. سفر خوش.

❈❈❈❈❈

چند سال قبل، برای تفرج به یک روستا رفته بودیم. داخل یک ده، اتاقی گرفته بودیم. محوطه حیاط آن‌جا پر بود از مرغ و مرغابی و . . . و البته یک عدد گربه که یکی از دستان جلویی‌اش، از وسط قطع شده بود. وقتی از آن‌ها پرسیدم: چه بر سر این گربه بی‌گناه گذشته، ماشین از روی آن رد شده؟

گفتند: نه. خدا نکند. این گربه چون خیلی موذی و شیطان است، مرتب جوجه‌های مرغ و مرغابی‌ها را می‌خورد. ما هم با چه رنج و مشقتی یک دستش را بریدیم تا نتواند روی یکی از دست‌هایش بایستد و با دست دیگرش جوجه‌ها را بگیرد. حالا هم ما راحت شدیم، هم پرنده‌های بی‌گناه‌مان.

گفتم: می‌کشتیدش بهتر نبود؟

گفتند: نه. خدا مرگ‌مان بده. آخر برای چی؟ گناه دارد حیوان بدبخت. ما دوستش داریم. عاشقشیم.

توی دلم گفتم، دوستش دارید و عاشقشید و زدید این بدبخت را تا آخر عمر ناکارش کردید، دوستش نداشتید چه می‌کردید.

❈❈❈❈❈

۲-۶ کاریکلماتور[1]

---

[1] برخی از دیگر مطالب این ژانر در صفحات ۴۵ تا ۴۷ و ۶۳، به ترتیب تحت عناوین "همگام با شاپور" و "کاریکلماتور" ارائه شده‌اند.

معنای کاریکلماتور را که حتماً می‌دانید. یعنی ساخت یک جور کاریکاتور توسط کلمات. مبدعش زنده‌یاد پرویز شاپور بوده است (همسر زنده‌یاد فروغ فرخزاد). همه هم مدعی نوشتن آن هستند (از جمله بنده که مدتی در ستونی تحت عنوان "همگام با شاپور" در کنار ستون "کاریکلماتور" ایشان، آموزش می‌دیدم). اما اگر خوب به عمق آثاری که هر از چندی در کتب یا مطبوعات مختلف می‌بینید، توجه کنید، فاصله کران تا کران سطح آثار غیرشاپوری با شاپوری مشخص می‌شود. متاسفانه یک عده فکر می‌کنند کاریکلماتور یعنی ساختن جملاتی شامل تعداد زیادی صفت و موصوف با یا بی‌ربط به هم پیوسته شده با معنایی بسیار صقیل (فاقد معنا باشد، چه بهتر).

یک بار تلفنی از ایشان پرسیدم: به نظرتان تا به حال چه کسانی توانسته‌اند طوری بنویسند که شما فکر کنید یکی از آثار خودتان را می‌خوانید؟ ایشان پاسخ دادند: فقط یکی دو نفر. اسم یکی از آن دو را از یاد برده‌ام، اسم دیگری را نیز صلاح نمی‌دانم بگویم زیرا ممکن است به حدی مغرور شود که دیگر نه تنها سر از پا نشناسد، چه بسا از فرط خوشحالی، نوشتن را نیز فراموش نماید.

- شب یلدا، شب‌ترین شب سال است.

- سرما به گمشده در بوران اجازه نداد تا از گرسنگی بمیرد.

- دهان آدم تن‌پرور همیشه بوی خمیازه می‌دهد.

- عاشق عاشق‌زاری هستم که از غم دوری معشوقش، زاری نمی‌کند.

- مرگ، چشم دیدن زندگی را ندارد.

- تابستان‌پاییز، بهارزمستان است.

- ابری شدن آسمان‌نگاه‌موش، از باریدن‌گربه خبر می‌دهد.

- ابرها، دریاهای بالقوه‌اند.

- حاضرم گل‌رویت را با عطش نگاهم سیراب کنم.

- هر ستاره‌ای برای منظومه خودش خورشید است.

- بلبل تاکسیدرمی شده برای گل‌مصنوعی، ترنم‌های پوشالی سر داده بود.

- پاییز دوستی‌ها، بهار دشمنی‌هاست.

- عاشق سگ‌مهربانی هستم که با قصد نرسیدن سر در پی گربه‌ها می‌گذارد.

- انبار باروت مشکلات برای انفجار، نیازی به جرقه ندارد.

- وقتی پرده‌نمایش‌شب بالا می‌رود، روز نیشش را به وسعت پهنه‌آسمان باز می‌کند.

- عمرآدم‌تن‌پرور کفاف این را نمی‌دهی که بتواند کار کردن خودش را ببیند.

- در برابر آیینه به تماشای نگاهم می‌نشینم.

۲-۷ نوشت برگه‌های امتحانی

حتماً در طول زندگی درخواست‌های عجیب و غریب زیادی از شما شده است. در این درخواست‌ها فرد تقاضا کننده عموماً تقاضای زیر پا گذاشتن قوانین را از شما دارد تا کارش راه بیفتد (البته اگر منصفانه فکر کنید شاید تعداد این گونه درخواست‌ها توسط خودتان از دیگران، بیش از تعداد درخواست‌های دیگران از خودتان باشد). در اینجا سعی شده تا با جمع‌آوری برخی از این موارد، که دانشجویان ضعیفم، در گوشه‌ای از برگه امتحانی‌شان و یا پس از امتحان، در برگه تقاضای تجدیدنظر نمره‌شان نوشته‌اند، زمانی برای تفکر هر چه بیشتر بر روی این نوشت‌برگه‌ها ایجاد شود. البته اگر برگه‌ها به صاحبان‌شان عودت داده می‌شد، پاسخ‌هایی می‌شد به این درخواست‌ها داد. لذا این پاسخ‌های خیالی را نیز در ذیل آن‌ها ارائه کرده‌ام. باشد تا دیگران پند گیرند.

- با سلام و احترام. می‌دانم که نوشتن مطلب در برگه امتحان کار صحیحی نیست، اما خواهشمند است با توجه به مشکلات خانوادگی‌ام، . . . ، مرا از لطف و برادری (؟) خود دریغ نکرده و از این‌که مرا مورد لطف خود قرار می‌دهید (؟) پی شا پیش (؟) کمال تشکر و سپاس را دارم.

- حالا خوب است خودش هم قبول دارد که نوشتن مطلب در برگه امتحان کار صحیحی نیست، وگرنه به‌جز لطف و برادری، چه تقاضاهایی که نکرده، پیشاپیش مرا شرمنده کمال تشکر و سپاس خود می‌نمود.

*****

- می‌دانم که از تصحیح برگه من کلی حرص‌تان می‌گیره (؟). کلی دلیل ریز و درشت دارم و نمی‌خوام (؟) توجیهی باشد برای درس نخوندنم (؟). خیلی بی‌ادبیه که بگم به من نمره قبولی بدید. ولی خواهش می‌کنم منو (؟) با ۹/۷۵ بندازید (؟). معدلم خیلی پایین می‌آید. خواهش می‌کنم.

- این را می‌گویند یک دانشجوی مودب. چون بدون ذکر هرگونه دلیل ریز و درشت و نیز هرگونه توجیهی، تنها خواستار نمره ۹/۷۵ شده است. فقط دو سئوال در ذهن من بی‌پاسخ مانده است. اولاً چرا درخواست تبدیل نمره ۱ به ۱۰ بی‌ادبی ولی ۱ به ۹/۷۵ باادبی است؟ ثانیاً من چه تقصیری در افتادن ایشان داشته‌ام که فرموده‌اند منو با ۹/۷۵ بندازید؟ نباید می‌گفتند کمک کنید تا با ۹/۷۵ بیفتم؟

*****

- استاد گرامی، من خیلی این درس را خوانده بودم ولی چون قبل از امتحان پدرم سکته کرد، نتوانستم درست بنویسم (؟). خواهشمندم به من نمره قبولی بدهید.

- اصلاً قصدی ندارم، ولی به نظر شما عجیب نیست که ۷ نفر از یک کلاس ۲۰ نفری (معادل ۳۵ درصد)، یکی از عزیزان‌شان درست قبل از امتحان بنده سکته کند؟ آیا بهتر نیست بنده

تاریخ امتحانات پایان ترمم را از چند ماه قبل به وزارت بهداشت بگویم تا بلکه آن عزیزان با تدبیر خود، تمهیداتی فراهم نمایند که مانع سکته نزدیکان دانشجویانم (و نه خود دانشجویانم) در نزدیکی امتحانات بنده شوند؟

*****

- استاد باور کنید تمام سئوالات (؟) را بلد بودم، اما تا آمدم بنویسم، وقت تمام شد.
- متاسفانه به یک علت ناشناخته، بلافاصله پس از آن‌که دانشجوی فوق صورت سئوالات را می‌بیند، و بدون این‌که ایشان فرصت کند که حتی یک کلمه به یکی از آن‌ها پاسخ دهد، مدت دو ساعت امتحان به پایان می‌رسد. تلاش دانشمندان برای فهم علت وقوع این پدیده تا کنون به نتیجه‌ای نرسیده است.

*****

- استاد باور کنید وقت کم بود، کم، کم.
- یک چیزی مشابه مورد قبل. باز جای شکرش باقی است که وقت آن‌قدر بوده که این دو عزیز توانسته‌اند همین چند جمله را در برگه‌شان بنویسند.

*****

- استاد گرامی، می‌دانم ممکن است تقاضای بنده شاید (؟) زیاده‌خواهی باشد، ولی چون بنده به کرات مشروط شده‌ام و اگر این بار هم بشوم، اخراج می‌شوم و از آنجایی که شما آخرین فردی هستید که هنوز نمره خود را رد نکرده‌اید، خواهشمند است با افزودن ۱۸ نمره به نمره نهایی اینجانب، موجبات جلوگیری از اخراج بنده را فراهم نمایید.[۱]

---

[۱] این مطلب از برگه درخواست تجدید نظر دانشجو نقل شده و نه از داخل برگه امتحانی ایشان.

- اینکه یک دانشجویی پیدا شود و با شکستهنفسی تمام، تقاضای خود را شاید (؟) زیادهخواهی بداند، نه جای بسی تعجب، بلکه جای تقدیر است. افسوس که نتوانستم کمکی به این دانشجوی محجوبم بنمایم. زیرا در سیستم آموزشی کشورمان نمیتوان برای کسی نمره ۲۱ رد کرد.

٭٭٭٭٭

- استاد گرامی بنده مطمئن هستم که شما صد در صد در برگه امتحانی بنده اشتباه کردهاید و از این رو مصرانه خواهان تصحیح مجدد و البته دقیقتر برگهام هستم.[1]

- بالاخره یک نفر هم پیدا شد و حرف حساب زد. بلی، اعتراف میکنم به علت عدم دقت کافی، صد در صد در محاسبه نمره ایشان مرتکب اشتباه شده بودم. نمره ایشان از ۰/۲۵ به صفر تقلیل یافت.

٭٭٭٭٭

- استاد باور کنید قصد عجز و التماس ندارم (؟)، ولی باور کنید من دانشجوی بسیار فعالی هستم. اما با دادن این نمره، معدل کل من زیر ۱۰ میآید و حتما اخراج میشوم. لذا لطفا در نمره بنده تجدید نظر فرمایید، ترمآخری هستم.[2]

- اینکه چگونه میشود که یک دانشجوی ترمآخری، که تازه نه تنها فعال، بلکه بسیار فعال میباشد، با گرفتن یک نمره ۶ از بنده (با توجه به اینکه یک دانشجوی ترمآخری تا ترم آخر حدود ۱۴۰ واحد را گذرانده)، معدل کلش به زیر ۱۰ میرسد، مسالهای است که هنوز برای من حل نشده است.

٭٭٭٭٭

---

[1] این مطلب از برگه درخواست تجدید نظر دانشجو نقل شده و نه از داخل برگه امتحانی ایشان.

[2] این مطلب از برگه درخواست تجدید نظر دانشجو نقل شده و نه از داخل برگه امتحانی ایشان.

- استاد جان (؟)، باور کنید من دانشجوی تنبلی نیستم. پاسخ تمامی سئوالات را نیز می‌دانم. اما متاسفانه سر جلسه حالم به هم خورد و نتوانستم چیزی بنویسم. با توجه به این‌که ترم آخر هستم، خواهش می‌کنم لطف خود را از من دریغ نکنید.

- چقدر خوب شد که این توضیح داده شد. وگرنه بنده فکر می‌کردم که ایشان دانشجوی تنبلی است که درسش را نخوانده و لذا پاسخ سئوالات را نمی‌داند که برای چهارمین ترم متوالی برگه امتحانی خود را سفید تحویل می‌دهد و برای چهارمین مرتبه عبارتهای فوق را بدون یک ویرگول تغییر، بر روی برگه سفید امتحانی‌اش می‌نویسد.

❀❀❀❀❀

- استاد واقعاً انتظار چنین امتحانی را نداشتیم (؟). استاد انگار یادتان رفته که ما (؟) دانشجویان مقطع کارشناسی‌ناپیوسته‌ایم، نه دکتری. گیریم من درس نخوانده‌ام (که خوانده‌ام)، بقیه چه گناهی کرده‌اند که شما چنین امتحانی از آن‌ها گرفتید؟ ظلم کردن هم حساب و کتاب داردها (؟).

- این‌که آیا واقعاً ظلم کردن حساب و کتاب دارد یا نه و اگر دارد حساب و کتاب آن چیست، من نمی‌دانم. اما این را می‌دانم که از بین ۴۰ دانشجو، تنها دانشجوی مزبور درس را با نمره ۲ افتاد و مابقی نمرات نیز بین ۱۴ تا ۲۰ بود.

❀❀❀❀❀

- . . . استاد شما چرا این‌قدر به خانم‌ها خوب نمره می‌دهید، ولی به آقایان ظلم می‌کنید؟ (از برگه یک دانشجوی پسر)

- . . . استاد شما چرا این‌قدر به آقایان‌ها خوب نمره می‌دهید، ولی به خانم‌ها ظلم می‌کنید؟ (از برگه یک دانشجوی دختر)

- نتیجه اخلاقی: ظلم بالسویه، عدل است.

- نتیجه غیراخلاقی: مرغ همسایه، غاز است.

❀❀❀❀❀

- استاد گرامی، متاسفانه هر کاری کردم، کارشناس گروه حاضر نشد شماره تماسی از شما به من بدهد (؟). لذا اگر جسارت نمی‌دانید، لطفا به شماره اینجانب (. . . . .) تماس بگیرید تا با شما درباره نمره‌ام، به طور خصوصی مذاکره نمایم (؟؟).[۱]

- کاش به جای مذاکره، دنبال مطالعه بودید. چون آن‌گاه، احتمالاً نیازی به مذاکره نمی‌یافتید.

*****

- استاد، ترا به جان آن‌که دوستش دارید (؟)، نمره قبولی را به من بدهید. باور کنید من این درس را نمی‌فهمم و برای پنجمین بار است که آن را اخذ کرده‌ام.

- بنده تا پیش از تدریس در دانشگاه، فکر می‌کردم این تنها خود استادان دانشگاه‌ها هستند که همواره مورد دعای خیر (؟) قرار می‌گیرند. اما انگار این موهبت، اعضای خانواده اساتید را نیز شامل می‌شود. چه تقصیری داریم من و اعضای خانواده‌ام که یک عده چون حاضر نیستند وظیفه خود را به درستی انجام دهند، ما باید تاوانش را بدهیم؟ باز جای شکرش باقی که هر دعایی اجابت نمی‌شود، وگرنه بنده نهایتا یکی- دو سال پس از شروع تدریس در دانشگاه‌ها، باید ۷ تا کفن می‌پوساندم.

*****

- مهندس (؟)، جان من این بار دیگه نمره را بده (؟). دست از سرم بردار (؟). آخرچه نفعی می‌بری که ۵ ترم است من را می‌اندازی؟ گیر شهریه من بدبخت هستی تو زندگی‌ات؟ خجالت بکش دیگه (؟).

- چشم، خجالت می‌کشم. البته نه از این‌که هیچ‌گاه نمره قبولی نمی‌دهم به فردی که در درسی که هر ترم یک یا دو نفر در آن بیشتر نمی‌افتند، هر ترم برگه سفید تحویل می‌دهد تازه این‌قدر هم از خود راضی تشریف دارد. بلکه خجالت می‌کشم از خودم، که بخش بسیار بسیار اندکی از درآمدم، از راه شرافت‌مندانه انتقال دانشم به چنین افراد بانزاکتی به دست می‌آید. باز هم جای

---

[۱] این مطلب از برگه درخواست تجدید نظر دانشجو نقل شده و نه از داخل برگه امتحانی ایشان.

شکرش باقی است که چنین افراد مودبی، کمتر از ۱ درصد جامعه علمی‌مان را تشکیل می‌دهند.

*****

- استاد جان، ترا به خدا مرا نیندازید. باور کنید خوانده بودم، اما شب قبل امتحان دچار یک مشکل عاطفی شدم و همه مطالب را فراموش کردم.
- یک روانکاو حاذق که بتواند توضیح دهد که چگونه یک مشکل عاطفی ممکن است باعث شود که یک دانشجو، کلیه مطالب درس نقشه‌کشی را فراموش نماید، به نحوی که حتی یک خط هم نتواند بر روی کاغذ بکشد، مورد نیاز است. اگر نبود، لااقل یک متخصص آمار بگوید که درصد احتمال این‌که یک مشکل عاطفی، برای ۴ ترم متوالی، درست قبل از امتحان نقشه‌کشی برای یک دانشجو رخ دهد، چند درصد است؟

*****

- استاد به علت ترافیک، من ساعت ۹ سر جلسه رسیدم. یعنی به جای یک ساعت و نیم فقط نیم ساعت وقت داشتم. لطفاً این مساله را لحاظ نمایید.
- چشم لحاظ کردم. یعنی نمره‌تان را در ۳ ضرب کردم. نمره جدیدتان صفر شد.

*****

- استاد گرامی، بنده هیچ‌گونه اعتراضی ندارم. همه چیز عالی بود، عالی. فقط خواستم بگویم خسته نباشید.
- آخیش. داشتم خفه می‌شدم. بالاخره یک نفر بدون هرگونه درخواستی به من یک خسته نباشید خشک و خالی گفت. البته خداییش انگار اشکال از خودم است‌ها. چون اگر من طوری امتحان بگیرم، که همه در همان جلسه امتحان متوجه بشوند که نمره بالایی کسب می‌کنند، آیا باز هم بخشی از عمر من و شما را صرف مطالعه این حاشیه‌نویسی‌ها می‌شد؟

*****

۸-۲ داستان کوتاه[1]

---

[1] برخی از دیگر مطالب این ژانر در صفحات ۵۹، ۸۸ و ۹۲ ارائه شده‌اند.

ممکن است سئوال کنید که چرا تعداد داستان‌های کوتاهی که نوشته‌ام این‌قدر کم است (۵ عدد). در پاسخ باید بگویم که حالا مگر تعداد بقیه کارهایم زیاد است؟ حالا از جدی که بگذریم، حس و توان نوشتن داستان کوتاه در سال‌های آخر نوشتنم در من ایجاد شد. به واقع تا آمدیم غنچه بشویم، پژمردیم. حالا امید است این چند تا هم اندکی حس خوب در شما ایجاد کند.

همکاری

تمام مصائب و مشکلات مربوط به تدریس در دانشگاه‌های کشور یک طرف، اعلام نمرات و پیامدهای ناشی از این امر خطیر یک طرف. باور کنید اگر من می‌دانستم که داشتن کرسی استادی دانشگاه، چنین دردسرهایی را برای من مهیا می‌کند، محال بود که سراغ چنین شغلی بروم.

یکی از عجیب‌ترین مواردی که در حین کار به آن برخوردم، دانشجویی بود که پس از افتادن درس به سراغ من آمد و خواستار نمره قبولی از من شد. وقتی وی با مخالفت من روبه‌رو شد، گفت: استاد باور کنید من دانشجوی تنبلی نیستم، ولی چه کنم که مشکلی برای من پیش آمد.

از او پرسیدم: چه مشکلی؟

وی پاسخ داد: راستش را بخواهید از یک ماه قبل از امتحاناتم، خانمم شروع کرد به ریش و سبیل در آوردن. به همین خاطر، از همان موقع تا الان، کل وقت من صرف رفع این مشکل خانمم شده.

- : خانمت ریش و سبیل درآورد؟

- : بله استاد. می‌گویند همه‌اش زیر سر هورمون‌هایی است که برای رشد سریع و بیشتر به مرغ و ماهی و . . . می‌زنند.

- : عجب. به هر حال، اولاً شما درس‌تان را باید از اول ترم مطالعه می‌کردید. این را من بارها سر کلاس گفته‌ام. نه این‌که آن را بگذارید برای یک هفته یا یک ماه آخر ترم. از طرفی شما ۲۴ ساعت شبانه‌روز که درگیر این مشکل خانم‌تان نبودید. خوب در وقت آزادتان، درس‌تان را مطالعه می‌کردید.

- : ببخشید استاد، شما مجردید؟

- : بلی. چطور مگر؟

- : برای این‌که اگر متاهل بودید، می‌دانستید که وقتی خانم آدم دچار مشکل می‌شود، دیگر وقت آزاد برایش نمی‌ماند. استاد شما اگر بخواهید حتی می‌توانید صفر را بیست بدهید. من فقط از شما یک ۱۰ بی‌ارزش می‌خواهم. همین. آخر شما چرا با ما دانشجویان همکاری نمی‌کنید؟

- : اگر بی‌ارزش است، نخواهید.
در این لحظه دانشجوی مزبور که از ابتدا هم به نظر می‌رسید اعصاب آرامی ندارد، تقریباً هرچه دوست داشت به من افاضت کرد و در نهایت به من گفت: الهی یک روزی یک نفر حق ما را از اساتید ظالمی مثل شما بگیرد.
چه ستمی کرده بودم من؟ یک نفر به مرغ‌ها هورمون زیاد یا نامناسب زده، خانم ایشان ریش و سبیل درآورده، ایشان چون درگیر این مساله شده، برگه امتحانش را سفید تحویل داده، تازه اگر همه این‌ها راست باشد، من که نمره برگه ایشان را بی هیچ کم و کاستی وارد کرده‌ام. حالا ظلم من این وسط کجاست؟ همکاری در این کیس خاص یعنی چه که من نمی‌کنم؟
بگذریم از این‌که بعداً فهمیدم که دانشجوی مزبور، در ترم‌های، قبل هم با یک چنین ترفندهایی، از اساتید زیادی، به ویژه از اساتید خانم، نمره گرفته است.
البته همیشه این دانشجویان نیستند که برای گرفتن نمره نزد ما می‌آیند. بلکه گاهی اوقات نزدیکان آن‌ها هستند که مرصع اوقات ما می‌شوند. یک بار خانمی که ادعا می‌کرد ۲۰ سال است که معلم است نزد من آمد و برای پسرش که از من نمره ۱ گرفته بود، نمره قبولی خواست. وقتی من به ایشان گفتم که این کار امکان‌پذیر نیست چون من نمرات را وارد لیست کرده‌ام، ایشان با لبخندی خاص گفت: اشکالی ندارد. من حساب همه چیز را کرده‌ام.
بعد دست کردند توی کیف‌شان و یک شیشه از توی آن در آوردند و در حالی که آن لبخند خاص همچنان روی لب‌شان بود گفتند: وایتکس برای این‌جور کارها خوبه. آن لیست را به من بدهید تا در عرض چند ثانیه درستش کنم. بدهید لطفاً.
صد البته بنده لیست را به ایشان ندادم و پس از مدتی اصرار از طرف ایشان و انکار از طرف بنده، در نهایت ایشان از کوره در رفتند و با عصبانیت گفتند: از همان اول هم که دیدمت فهمیدم این‌کاره نیستی. ببین کار به کجا کشیده که بچه‌هایی مثل تو را که هنوز پشت سبیل‌شان سبز نشده می‌کنند استاد دانشگاه. آن وقت ما را باش که انتظار داریم که شما، احترام ما را که پیشکسوت‌تان و همکارتان هستیم نگهدارید. نمی‌فهمی همکاری یعنی چه؟ ستمگر، الهی به تیر غیب دچار بشوی.

باز هم نفهمیدم. فرزند ایشان درس نخوانده و نمره ردی گرفته، تنها فردی بوده که از یک کلاس ۱۸ نفری، با نمره ۱ افتاده، من هم نمره‌شان را بی کم و کاست وارد کردم. حالا چرا برای این‌که مادر ایشان معلم است، باید نمره ایشان را به ۱۰ ارتقا می‌دادم؟ من چه‌کاره نیستم؟ کجای این کار ستم است؟ چرا من باید تحت هر شرایطی هم صنفی‌هایم را درک کنم و آن‌ها هر تقاضایی از من داشتند اجابت کنم؟ مگر بقیه چه ستمی کرده‌اند که پدر و مادر یا یکی از نزدیکان‌شان معلم یا استاد دانشگاه نیست؟ حالا از این گذشته، به راستی همکاری یعنی چه؟

مورد بعدی از این مورد اخیر هم به یاد ماندنی‌تر است. یک بار در سر جلسه احساس کردم یکی از دانشجویانی را که سر جلسه نشسته، قبلاً ندیده‌ام. لذا نزد یکی از مراقبان رفتم و خواستم بیاید و ایشان را تطبیق عکس کند. این کار به سادگی میسر نشد. چون روی کارت ایشان عکس یک نوجوان ۱۴ ساله بود که تا حدی به ایشان شباهت داشت، اما به سبب اختلاف سن ایشان با عکس، نمی‌شد به طور قطعی در این باره نظر داد. با این حال برای این‌که خدای ناکرده حقی را ناحق نکرده باشم، اجازه دادم تا وی امتحانش را به پایان برساند، اما از ایشان خواستم که بعد از جلسه حتما به اتاقم بیاید.

بعدازظهر فردای آن روز، فرد دیگری، که شباهت زیادتری با عکس آن نوجوان ۱۴ ساله روی کارت داشت، به اتاقم آمد و گفت: استاد شما دیروز سر جلسه امتحان گفتید بیایم خدمت‌تان.

در جواب گفتم: ولی آن فردی که من دیروز خواستم نزد من بیاید شما نبودید. تازه آن فرد قرار بود دیروز پیشم بیاید نه امروز.

- : استاد عجب حرفی می‌زنیدها. شما به خود من گفتید بیایم پهلوی‌تان. در ضمن من دیروز هم داشتم می‌آمدم خدمت‌تان که خانمم زنگ زد و گفت که حال بچه‌مان بده، برای همین مجبور شدم سریع بروم خانه. از این بابت هم واقعاً عذر می‌خواهم.

- : درست. پس شما می‌فرمایید شما همان کسی هستید که من دیروز گفتم بیاید پهلوی من؟

- : بلی قربان. چرا باید به شما دروغ بگویم؟

- : اشکالی ندارد. بفرمایید. این کاغذ . . . این هم خودکار . . . لطفاً اسم و فامیل‌تان را روی این برگه بنویسید.

این را که گفتم، طرف رنگ و رویش سرخ شد و گفت: یعنی چه؟ برای چه باید این کار را بکنم؟ من که دیروز امتحان دادم یک بار.

پاسخ دادم: من که نمی‌خواهم از شما امتحان بگیرم. مگر شما نمی‌گویید که همان فردی هستید که دیروز سر جلسه بودید؟

تته‌پته کنان گفت: بلی.

گفتم: پس اسم و فامیلت را بنویس. دیروز که خط‌تان خیلی قشنگ بود. انشاا . . . الان هم مثل دیروز زیباست.

- : نمی‌نویسم.

- : آخر چرا؟

- : شما دارید کلک می‌زنید.

- : من دارم کلک می‌زنم یا شما؟ چه کلکی؟

- : اگر اسم و فامیلم را بنویسم می‌خواهید چند تا سئوال هم بنویسم و جواب بدهم.

- : نه عزیزم این‌کار را نمی‌کنم. قول می‌دهم. حالا بنویس.

خلاصه، این بار از من اصرار و از ایشان انکار، تا در نهایت ایشان هم از کوره در رفت و گفت: تو از خودت خجالت نمی‌کشی؟ تو مثلاً استادی؟ من کارگرم. از صبح تا حالا سر کار بودم. کار یدی می‌کردم. الان دست‌هایم داغانند. چطور بنویسم؟

با تعجب گفتم: عزیز من. دست‌هایم داغانند یعنی چی؟ فقط اسم و فامیلت را روی این برگه بنویس. همین.

این‌بار ایشان همه هنرش را به نحوی به عرضه گذاشت که اگر جناب "مارلون براندو" ی فقید در آن‌جا حضور داشت، کلاهش را به احترام ایشان از سر بر می‌داشت. بلی، وی دست‌هایش را جلوی من آورد و به شدت شروع به لرزاندن آن‌ها کرد و فریادزنان گفت: با این دست‌ها بنویسم؟ با این دست‌ها؟ آخر تو چرا با هیچکس همکاری نمی‌کنی؟ الهی یک روز یک نفر سر تو آدم ظالم را گوش تا گوش ببرد بگذارد روی سینه‌ات.

بعد هم در اتاقم را محکم بست و رفت.

خداییش، تقاضای نوشتن نام و نام خانوادگی روی یک برگه سفید، ظلم است؟ همکاری اینجا چه معنایی می‌دهد؟

مورد دیگر مربوط به دانشجویی است که درس را یک بار افتاده بود. ایشان اول ترم بعد سراغ من آمد و از من خواست که چون درس را یک بار داشته، این بار سر کلاس حاضر نشود. من با این تقاضا مخالفت کردم و به ایشان توضیح دادم که اگر وی درس را بلد بود که نمی‌افتاد. در نهایت قرار شد ایشان به‌جای کلاس خودش، در کلاس دیگرم که در روز دیگری تشکیل می‌شد حاضر بشود ولی من حضور ایشان را در لیست اصلی بزنم، تا ایشان به خاطر دوری راه، و تنها به سبب حضور در کلاس من، یک روز کاملش صرف آمد و رفت به دانشگاه نشود. از قضا ایشان هم به طور مرتب در کلاس جایگزین حاضر شد و من هم حضور ایشان را در ساعت اصلی‌اش زدم. در نهایت هم ایشان با نمره خوبی آن درس را گذراند و یک روز هم که من در اتاقم بودم با یک دسته گل نزدم آمد و از من، به سبب نحوه تدریس و به ویژه همکاری‌ای که با وی به سبب موافقت با تغییر فراقانونی امکان حضور ایشان در کلاسی به‌جز کلاسی که ایشان درس را با آن کلاس اخذ کرده بود داشتم، قدردانی کرد.

در اینجا به نظر می‌رسد که ماجرا به خوبی و خوشی به پایان رسیده و این‌که همکاری کردن گاهی اوقات چندان بد هم نیست. اما . . . ماجرا به همین سادگی‌ها تمام نشد و هنوز ادامه دارد. چطوری؟ حدود یک سال پس از این ماجرا، فرد میانسالی به اتاقم آمد و خواست چند لحظه با من صحبت کند. به محض آن‌که ایشان گفت که می‌خواهد درباره یکی از دانشجویانم با من صحبت کند، من هم مثل شما فکر کردم می‌خواهد برای یکی از آن‌ها نمره بگیرد. اما کاش این‌طور بود. حوصله‌تان را سر نیاورم. ماحصل ماجرا از این قرار بود که دانشجوی ذکر شده در فوق، اقدام به قتل کرده بود و اخیراً این مساله برای مراکز قانونی مسلم شده بود. حالا بنده در این بین چه نقشی داشتم؟ نقش گمراه کردن ماموران قانون و تلاش برای رهایی متهم از چنگال عدالت. چگونه؟ خیلی ساده، هنگامی که ایشان در یکی از ساعت‌هایی که بنده برای ایشان، حضور در کلاس درس و قاعدتاً حضور در دانشگاه را با درج اعلام حضور ایشان در لیست حضور و غیاب آن درس زده‌ام، ایشان کیلومترها آن طرف‌تر، مشغول کشتن یکی از بستگان دور ولی فوق‌العاده ثروتمندش بوده است. آری این هم نتیجه همکاری.

آهان فراموش کردم بگویم، با این‌که می‌دانم باورتان نمی‌شود، اما من الان دارم روزهای آخر زندانم را به سبب مشارکت در قتل می‌گذرانم. البته به‌زودی آزاد می‌شوم. این داستان را هم دارم همین‌جا، یعنی پشت میله‌های زندان می‌نویسم. اما به هر حال باز هم جای شکرش باقی است. جای شکر چی باقیست؟ این‌که مجازات همکاری در قتل با خود قتل یکی نیست، وگرنه بنده هم الان قصاص شده و زیر خروارها خاک مدفون بودم و دیگر این داستان را نمی‌توانستم برای شما عزیزان بنویسم.

همزاد بازیگوش من

سلام. خوب هستید؟ نمی‌دانم تا به حال چیزی درباره همزادها شنیده‌اید یا نه. نمی‌دانم هم که آیا کلا به همزاد جماعت اعتقاد دارید یا نه. اما من شدیداً به داشتن یک همزاد، تازه آن هم یک همزاد شدیداً بازیگوش، سخت معتقد و پایبندم.

شاید اولین باری که من متوجه داشتن این همزاد بازیگوش شدم، وقتی بود که یک قبض تلفن نجومی برای‌مان آمد. اگر بگویید: "قبض تلفن نجومی که دلیل نمی‌شود. برای هر کسی ممکن قبض تلفن نجومی بیاید." آن وقت بنده هم در پاسخ‌تان عرض می‌کنم که آخر بخشی از هزینه مکالمات تلفنی قبض مزبور، مربوط به تماس‌های طولانی مدت و مکرری بود که بعید می‌دانم آن بخش از اجداد آریایی‌مان هم که هنگام فرار از سرزمین‌های سرد شمالی در عصر یخبندان، به ایران کنونی‌مان نیامده و به اروپا مهاجرت کردند هم گذرشان به آن اماکن افتاده باشد. اماکنی که از جمله‌شان می‌توان به موارد زیر اشاره کرد:

آدلاید، نوادا، راولپندی، هیروشیما، ونکوور، رأس‌الخیمه، بوئینس‌آیرس، کیپ‌تاون، پیونگ‌یانگ، گواتمالا، مونته‌ویدئو، خارطوم، آدیس‌آبابا و . . .

البته بنده از شکایت به اداره مخابرات کوتاهی نکردم. در پاسخ به اعتراض بنده مبنی بر این‌که ممکن است اشتباهی صورت گرفته باشد، مسئول محترم پاسخگویی به مشترکان عزیز، با ذکر این‌که دیگر سیستم‌ها کامپیوتری شده‌اند و دست‌کم اشتباهی تا این حد بزرگ عملاً ناممکن است، برای اولین بار در تاریخ و پس از مشاهده اصرارهای بنده مبنی بر عدم تماس خود و افراد خانواده‌ام با اماکن فوق‌الذکر، بادی به غبغب انداخته و گفتند: "پس اگر نه خودتان با این اماکن تماس گرفته‌اید و نه هیچ‌یک از افراد منزل‌تان، پس لابد همزادتان بوده که با اماکن فوق تماس گرفته است".

و مسلماً چه پاسخی زیباتر، موجزتر، کامل‌تر و چندتا نقطه‌تر از پاسخ فوق.

مرتبه بعد که بنده بیش از پیش به وجود این همزاد بازیگوش اعتقاد پیدا کردم، زمان فروش ماشینم بود. وقتی اقدام به گرفتن خلافی کردم، در فهرست تخلف‌های انجام شده توسط بنده،

انواع و اقسام تخلف‌ها، از پارک دوبل گرفته تا سبقت غیر مجاز و حتی حمل مسافر و جنازه در صندوق عقب[۱] به چشم می‌خورد. جالبتر از نوع تخلف‌های ثبت شده، مکان وقوع آن‌هاست. مکان‌هایی که بسیاری از آن‌ها را نمی‌دانم کجاست. یا اگر می‌دانم کجایند، تا به حال پایم هم به آن اماکن نرسیده. ملاحظه بفرمایید محل وقوع برخی از تخلف‌های رانندگی بنده را:

جزیره کیش، بمپور، چگینه سفلی، میامی، قصر قند، چمستان، باجگیران، گاوبندی، بندر خمیر، شوط، آشخانه، خوراسگان، کمشجه، هندیجان، عسلویه.

حالا هرچی قسم و آیه که بنده تا حالا پایم هم به هیچ یک از این شهرها نرسیده، چه برسد که در آن‌ها تخلف رانندگی کرده باشم، شک نکنید که پاسخ مسئولان محترم چیزی نبود چون پاسخ عزیزان مستقر در شرکت مخابرات. و آن این‌که، با وجود مکانیزه شدن سیستم، امکان بروز اشتباه نزدیک به صفر است و اگر نه من مرتکب تخلف شدم و نه هیچ‌یک از نزدیکانم، پس لابد همزادم ماشینم را برداشته و این کار را کرده.

البته نه این‌که جناب همزاد گوگوری مگوری من، فقط دست بده داشته باشد، نخیر، ایشان هر از چندی هوس گرفتن هم می‌کند. من باب نمونه، یک بار که بنده پس از عمری شرکت در مسابقات مختلف تلفنی صدا و سیما، برنده یک جایزه ارزنده شدم، پس از مراجعه در تاریخ مقرر به محل مورد نظر، متوجه شدم که جناب همزاد گرامی بنده، چند ساعتی زودتر از بنده به آن‌جا رسیده و صدالبته با ارائه مدارک معتبر، جایزه را دریافت کرده و د برو که رفتی و مسلماً باز هم روز از نو و روزی از نو.

جالب‌تر از همه این‌ها این‌که، هر وقت به چنین دردسرهایی برخورد پیدا می‌کردم، مثل کاهش یافتن موجودی جیبم، گم شدن برگه‌هایی از دسته چکم، سوخت شدن بخشی از بنزین موجود

---

[۱] من آخرش هم دو تا چیز را در رابطه با این تخلفم که از شاهکارهای اداره راهنمایی و رانندگی‌مان است نفهمیدم. یکی این‌که چطور می‌شود یک جنازه را در صندوق عقب پراید جا داد. دوم هم آن‌که چطور این امر برای ماموران عزیز اداره راهنمایی و رانندگی مشخص شده؟ آیا نصف جنازه از صندوق بیرون بوده؟ یا نکند این هم از حقه‌های همزاد بازیگوشم بوده؟

در باک ماشینم، و با مراجعه به افراد خانواده‌ام، از آن عزیزان، درخواست همفکری می‌کردم، آن نازنینان نیز بلافاصله بادی به غبغب می‌انداختند و می‌گفتندکه: "انگار بیخودی نمی‌گویند که شما همزاد داری‌ها".

القصه و بلکه هم الغصه، این ماجراهای همزاد بنده ادامه یافت و یافت و یافت تا شب قبل، که بنده در اثر سکته قلبی عمرم را دادم به شما. پیش از مرگم، مدتی این فکر ذهنم را مشغول کرده بود که دردسرهای همزادم احتمالاً تنها با مرگ من به پایان می‌رسد، اما زهی خیال باطل. چون امروز صبح، وقتی بچه‌هایم خواستند که مرا در طبقه دوم قبر مشترک من و همسرم، که سه ماه قبل از دنیا رفته دفن کنند، با این سخن مسئول اداره متوفیات روبه رو شدند که: "شما که پدرتان را هفته قبل دفن کردید".

حالا وضعیت فرزندانم با شنیدن این حرف یک طرف، وضعیت بنده پس از شنیدن این ماجرا توسط یکی از عزیزانی که مشغول شستن بنده بود با خنده شدید به همکارش یک طرف. اگر دستم به دنیا بود، چنان می‌خواباندم توی گوش‌شان که تا عمر دارند به یک میت روی زمین نخندند. اما حیف که حتی آن‌قدر قدرت ندارم که شلنگ آب را از دست‌شان بگیرم و خیس‌شان کنم، تا بلکه یک کم دلم خنک بشود.

حالا این یک طرف قضیه است. خواباندن یک مرد نامحرم، تازه آن هم در طبقه بالای قبر همسرم، به کلی داشت مرا از پا می‌انداخت. حالا اگر طرف یک آدم چاقی باشد چی؟ همسرم تو این یک هفته آن زیر له شده که؟ بمیرم برایش.

نمی‌خواهم بیش از این وقت‌تان را بگیرم فقط عاجزانه خواهش می‌کنم گوشی را بردارید و با ناشر این کتاب تماس بگیرید. ایشان الان درست جلوی در غسالخانه، در سایه ایستاده‌اند. ممنون می‌شوم این کار را بکنید و از ایشان بخواهید که به فرزندانم بگویند که دست از مشاجره بیهوده با مسئول محترم اداره متفویات بردارند. به قول ایشان، چیزی نشده که، یک قبر دیگر به‌جایش می‌دهند. آری، سریعتر این کار را بکنند وگرنه ممکن است یکی از دیگر همزادهایم پیدا بشود و برود آن یکی قبر را هم پر کند. لطفا خیلی هم سریع‌تر اقدام نمایند، چون بدنم به طرز بدی دارد بو می‌گیرد. بویی که دقیقاً نمی‌دانم از کجایم دارد بلند می‌شود. اما بدجوری دارد بلند می‌شود.

یـاد ایـام

زنده یاد منوچهر احترامی (طنزپرداز، پرتیراژترین نویسنده ایران و یکی از بهترین دوستان زندگی‌ام، خالق داستان‌های "حسنی" نگو یه دسته گل و . . .)- ۱۳۸۵.

زنده‌یاد کیومرث صابری فومنی ("گل آقا"، طنزپرداز، خالق ستون "دو کلمه حرف حساب" و مدیر مسئول نشریات "گل آقا")- ۱۳۷۳.

زنده‌یاد پرویز شاپور (طنزپرداز، همسر "فروغ فرخزاد" و خالق ژانر "کاریکلماتور")- ۱۳۷۳.

از راست، احمد عبدالهی‌نیا (کاریکاتوریست)، هوشنگ مرادی کرمانی (نویسنده، برنده جایزه ادبی "هانس کریستین اندرسن" و خالق "قصه‌های مجید")، زنده‌یاد محمد قاضی (مترجم) و احمد عربانی (کاریکاتوریست)- ۱۳۷۳.

از چپ، زنده‌یاد مرتضی فرجیان (طنزپرداز و سردبیر نشریات "گل آقا")، زنده‌یاد کیومرث صابری فومنی، علی دهباشی (نویسنده و سردبیر نشریاتی چون "بخارا")، هوشنگ مرادی کرمانی، بهاءالدین خرمشاهی (نویسنده و محقق) و بهروز قطبی (طنزپرداز)- ۱۳۷۳.

از راست، ایستاده، نفر اول، آذریار مجتبوی نائینی (طنزپرداز)، نفر سوم، سیامک ظریفی (طنزپرداز)، نفر هفتم، احمد رضا احمدی (شاعر)، نفر دهم، ناصر پاکشیر (کاریکاتوریست)، نفر یازدهم، زنده‌یاد ناصر چولایی وکیلی (طنزپرداز)، نفر سیزدهم، زنده‌یاد ذبیح ا... پیرقمی (طنزپرداز) و نشسته، نفر چهارم از راست، پوپک صابری فومنی (طنزپرداز، دختر و یادگار "گل آقا"- ۱۳۷۳.

از راست، ایستاده، احمد عربانی، زنده‌یاد محمد پورثانی (طنزپرداز)، علی بهروزنسب (نویسنده)، زنده‌یاد منوچهر احترامی، زنده‌یاد پرویز شاپور، زنده‌یاد محمد قاضی، زنده‌یاد عمران صلاحی (طنزپرداز) و نشسته، بیژن ابهری (طنزپرداز) – ۱۳۷۳.

تصویری که حاضران در آن دیگر هیچ‌گاه نمی‌توانند چنین عکسی در کنار هم بگیرند. در این تصویر بخش اعظم سرمایه طنز کشور در آن ایام به چشم می‌خورد. بالاترین نقطه و وسط عکس، با پیراهن سورمه‌ای، جواد علیزاده (کاریکاتوریست و سردبیر نشریه "طنز و کاریکاتور")، پایین و راست، با کت آبی، کامیار شاپور (یادگار "پرویز شاپور" و "فروغ فرخزاد")، ایستاده در پایین و چپ، پشت سر دختر خانمی با پیراهن زرد، فرانک ظریفی (طنزپرداز)، بالا و راست، با کت مشکی و پیراهن آبی، شهرام جوادی‌نژاد (طنزپرداز)، میانه و چپ، با کت شکلاتی و پیراهن تیره، پرویز روحبخش (شاعر)، بالا و چپ، با عینک، زنده‌یاد ابراهیم صهبا (شاعر).